長者さま養成講座

お金と仕事の宇宙構造

小林正観

サンマーク出版

まえがきにかえて

高島　亮

人間の悩みの3大ジャンルは、「お金と仕事」「病気」「人間関係」だとされています。

悩みというのは苦しいものですが、その人にとってそれだけ大事なことを示していると見ることもできます。どうでもいいことであれば、悩んだりしませんからね。

だとすると、悩みの3大ジャンルは多くの人にとって大事なジャンルということになります。確かに、経済的なこと、健康に関すること、人間関係にまつわることは、人間が生きる上で欠かせない、大事な構成要素といえるでしょう。

この本は、その内の「お金と仕事」について、小林正観さんが語ったことを集めてまとめられたものです。

小林正観さんは、本質を見透かして語る方でした。40年以上に及ぶ人間観察や社会観察、人間の潜在能力や超常現象の研究、膨大な数の人生相談と膨大な知識を通して導き出されたものの見方や考え方、生き方論を、「見方道《みかたどう》」として多くの人々に伝えました。

「幸も不幸も存在しない。そう思う心があるだけ」をはじめ、たくさんの見方を〝宇宙法則〟と称して語りましたが、そのどれもが人生の方程式といえるほど、本質を射抜いています。

深くてあたたかいまなざしで人間を見つめ、本質をとらえていたからこそ、誰にでも通用するものになっているといえるでしょう。実際、多くの人の人生に多大な影響をもたらしてきました。

お金と仕事についても、その見方は本質を突いています。そして、シンプルです。

キーワードは、「喜ばれる」。

お金とのつき合い方で大事なのは、「いかに稼ぐか」ではなく、いかに「使うか」。そのポイントは、「喜ばれる」ように使うこと。それだけです。

お金は、持っているだけでは何にもなりません。使うことではじめて役目を果たします。そこにお金の本質があります。だから、「喜ばれる」ように使うことが大事で、それができれば自然と入ってきて回るようになります。

この本のサブタイトルにある「長者さま」も、お金を「喜ばれる」ように使う人を指しています。そうしたお金との関わり方に関する話がたくさん出てくるので、参考にしていただければと思います。


仕事の本質も、「喜ばれる」ことにあります。

どうやって儲《もう》けるか、どうしたら売上や利益を上げられるかばかりを考えていると、お客さんは来なくなり、商売も続きません。本質はそこではないからです。

どうしたら「喜ばれる」かを考えて実践・実行すれば、お客さんは増えて、商売も繁盛します。そこに本質があるからです。

そもそも仕事とは、人の役に立って「喜ばれる」ことです。そして、「喜ばれる」と、お金という形でも返ってきます。お金も仕事も、「喜ばれる」ことを大事にすれば、回るようにできているということですね。

正観さんは、人が生まれてくる理由も人生の目的も、「喜ばれる」存在になることにあるという結論に達していました。お金も仕事も人生の大事な手段のひとつですが、「喜ばれる」という一点を通じて、人生の目的にもつながることになりそうです。

本質を見透かした正観さんの「お金と仕事」論を味わって、「喜ばれる」生き方に生かしてみてはどうでしょうか。

（正観塾師範代）

はじめに

小林正観

関西での話ですが、昔、数えきれないほどの富を持ち、橋を架けたり堀を造ったり絵師に絵を描かせたりと、多くの人に喜ばれるようにお金を使った人がいました。文化の下支えをしたのです。そういう人を、関西では「良き衆」と呼びました。

さらに、銀を5000貫以上持つ人を「長者」、5000貫ほど持つ人を「分《ぶ》限者《げんしゃ》」と呼んだのですが、どちらも文化の下支えをする人たちでした。茶道などが関西で始まり、関西に根づいていったのも、これらの人たちの存在が大きかったのです。

それらの人に対し、お金を持ってはいるが世のため人のためには使わない、貯《た》め込んで、あるいは自分のためだけにお金を使う人を「金持ち」と呼びました。江戸には「金持ち」は多かったようですが、「長者」さんたちは多くなかったようです。

仏像を見たとき、如来と菩薩《ぼさつ》とをすぐに見分けるポイントがあります。それは、装飾品を着けているかどうかということ。

菩薩は装飾品を着けています。仏界最高位の如来は装飾品を着けていません。自分の身を飾ることから離れることができたら、それ自体がもう「悟り」なのかもしれません。

大会社の社長や売れっ子作家、スーパースター、超一流スポーツ選手などは別として、「良き衆」になれるほどの「数えきれぬほどの富」は私たちには及びもつきませんが、「長者」や「分限者」には手が届く可能性があります。お金や仕事がスムーズに流れ込んでくるための〝法則〟を、この本ではたくさん紹介しました。

その結果、ある程度のお金が入ってくるようになったら、ぜひ「世のため人のため」にお金を使う人になっていただきたいのです。ですから、「長者」と呼び捨てにもしたくなく、「長者さん」でもまだ気持ちが足りないということで、「長者さま」と、「さま」で呼ぶことにしました。それでこの本のサブタイトルが「長者さま養成講座」と、「さま」付けになりました。

この本を作成するにあたり、宝来社の小野寺夫妻や編集の山添さん、イラストを描いてくださった斎灯さんに、大変お世話になりました。心より御礼申し上げます。

２００２年７月

お金と仕事の宇宙構造　目次

ブックデザイン　水崎真奈美
本文組版　山中 央
編集協力　乙部美帆
編集　斎藤竜哉（サンマーク出版）

お金と仕事の宇宙構造

お金が喜ぶお金の使い方

今日からは「はやらない店」を選ぼう

冗談半分で言いますが、半分は本気で言います。

みなさんは、おいしい店、有名な店で20分も30分も並んで食べようとすることを、今日からやめてください。

おいしい店、有名な店に並んでおいしいものを待って食べるというのは、自我、エゴの塊でしかありません。

その有名な店の2、3軒隣に必ずお客さんが入っていない店があります。この店はまずくて有名で、愛想も悪いかもしれません。でも、このようなお客さんが入っていない店に入ってあげてください。

「だって、まずいものを食べてもおいしくないんだもん」と言うのは、エゴ、自我です。おいしいから食べるのではなく、お金は使うために存在するのですから、使うためにはまずいことにも少し我慢をしましょう。

役に立つようにお金を使うためには、「いかに喜んでもらえるか」という使い方をすることです。

ところが、もうひとつのことを言います。

私は講演や取材などで年間350泊ほどしていますので、食事をする機会は山ほどあります。でも、まずいと思うものは、今まで一度も食べたことがありません。

このことを言うと、「はやっていて、おいしい店ばかりに行っているのですか」と聞かれますが、違います。はやらない店ばかりを探して食べています。

「なぜ、それでおいしいのですか」と言われるかもしれませんが、手を触れたとたんに全部おいしいものになってしまうのです。

「私の体の一部になってくださって、ありがとう」と声をかけたとたんに、まずいと言われていたものが、ものすごくおいしくなります。私の体にとってのみ、おいしい味になります。そのように言って食べると、全部その人の身になってくれますし、おいしいと思うようになるのです。


ですから、おいしいと言われている店に自我とエゴで並んで、お金を使うのはやめましょう。自分のところに来たお金を、いかにそのようにはやらない店に使ってあげるか、ということが、本当にお金を生かして使うことになります。

1日に2000人ものお客さんが並んで入るようなラーメン屋さんでは、私の払っている600円のラーメン代が、売り上げのたった2000分の1でしかありません。

ところが、1日に10人しか来ないラーメン屋さんでは、私の600円が、なんと10分の1の売り上げを占めるのです。喜ばれ方が全然違います。

そうしたら、これからのみなさんのデートの仕方が変わってきます。

「僕は、ものすごくおいしい店を知っているんだ。そこへ行こう。いつも、20人も30人も並んでいるんだ」

「何を言ってるのよ。あなた、21世紀はそんな文化ではないのよ。21世紀は、いかにはやらない店を探すか、なの。私なんか、1日に3人とか5人しか入らない店を100軒も知っている」

というのが新しい文化です。

そうすると、彼は1週間後に新しいノートを持ってくるのです。

「1日に3人、5人入る店を知っていると、君言っていたね。僕なんか、もっとすごいよ。3日にひとりしか来ない店を見つけたんだ」

このように、お客さんが来ないところへ行ってお金を使うような文化になると、世の中は、ものすごく流れがよくなるでしょう。

喜ばれる使い方をするとお金も喜ぶ

実際にラーメン屋さんに行って、実証したことがあります。

「このラーメン屋さんは、まずい」という評判のラーメン屋さんに20人くらいで行きました。そこは、ラーメンでは有名な界隈にあり、ほとんどの店にお客さんがたくさん入っていましたが、その中で誰も入っていない店でした。

私の考え方をみなさん知っていますので、「ここへ入ろうか」と言って20人で入りました。カウンターが20席くらいで、私たちが入ったら全部埋まりました。

ラーメンが運ばれてきて、私がひと口ラーメンのスープをすすってみたのですが、あまりおいしくありません。

でも、2口目からはおいしくなりました。このラーメンに手を触れながら、「私の体の一部になってくださって、ありがとう」と言ったのです。

そうしたら、ものすごくおいしいラーメンになりました。同じようにして、このラーメンを食べた20人が「こんなにおいしいラーメンを食べたのは、初めてだ」と言ったほどです。

このように、喜ばれるような使い方をし続けていると、いつの間にかお金自身があちこちの財布で、ひそひそと話をするようになります。

「あの小林正観という人のお家へ行くと、僕たちをなんか喜ばれるように使ってくれるよ」

「そうか、じゃあ明日、ほかの家に行ったら、その噂《うわさ》話をしてあげよう」

このように、みんながあちこちで話をしてくれます。そして、あちこちでそのような噂話を聞いたお金が、自らの意志でこの人の家に来ようとします。

お金が来たときは、「しょうがないなあ」と言いながら、使ってあげるといいです。それも、自分の自我やエゴではなく、喜ばれるような使い方をすること。

例えば、自分の目の前に陶芸を志している若者がいたら、「3万円でコーヒーカップを作って」と言ってお金を渡す。ファッションデザイナーを志している人がいたら、「数万円で私の上着を作ってくれ」とか、カメラで身を立てたいという人がいたら、写真集を2、3部いただくとか、そういうふうにお金を使っていくと、その人たちが喜びます。お金は、そういうふうに使うものです。

だから、頼まれ事をしていてお金をいただいた場合には、そのように本当に喜ばれるように使っていけば、どこにも問題がありません。お金も、喜ばれたくて、喜ばれたくてしょうがない状態で存在しているのです。

お釈迦さまが説いた喜捨の教え

お釈迦さまが言った一言

お釈迦《しゃか》さまのいろいろな教えの中には、すごいなあと思うものがいくつもあります。そのひとつに「托鉢《たくはつ》」があります。

托鉢をお釈迦さまが考えついたとき、弟子たちにこう言ったそうです。

「明日から托鉢に回るから、お金とか食べ物を入れるお椀《わん》のようなものを用意しておくように」

翌朝、みんなが容器を調達して集まりました。

「これから、托鉢に回ってもらいます」

とお釈迦さまは言いました。それから、こう言いました。

「ひとつ言い忘れたので言っておきます。金持ちの家を回ってはいけない。貧しい人々の家を回って托鉢をしてきなさい」


そうしたところ、弟子たちが口をとがらせて言いました。

「お師匠さまは、金持ちと貧しい人のところを言い間違えたのですよね。『貧しい人の家を回ってはならない。金持ちの家を回って喜捨《きしゃ》をしてもらいなさい』と言いたかったのではありませんか。それ、言い間違えたのではありませんか」

そこで、お釈迦さまは言いました。

「言い間違えたのではない。もう一度言う。金持ちの家を回ってはならない。貧しい人々の家を回って喜捨をしてもらいなさい」

「なぜですか」と、みんなは不思議そうに言いました。

お釈迦さまの説明。

「貧しい人たちというのは、今まで自分が貧しいと思って他人に対して施しをしてこなかった人たちである。その故に貧しさという世界の中に沈んでいた。私たちが喜捨をいただきに行くのは、その貧しい人を貧しさという苦界の中から救ってあげるためなのだから、貧しい人の家を回ってきなさい」

この教えの深さはすごいと思います。この話を聞いたとき、私は震えるほど感動しました。

「お金にゆとりがある人は、喜捨をしなさい。施しをしなさい」というのは、誰でも言えそうですが、「貧しい人の家を回って喜捨を求める」という考え方はすごいと思います。

喜捨させていただいて、ありがとう

駅だとか橋のたもとに、托鉢の僧侶が編み笠をかぶって立っていることがあります。

本職の僧侶の場合は、編み笠を真っすぐにかぶって、鼻から下しか顔が見えない状態の立ち姿です。

托鉢の僧侶は、例えば私が500円を持って喜捨をしても、「ありがとう」とは言いません。むにゃむにゃとお経のひとつか2つを言ってチリンと鐘を鳴らし、片手合掌をして終わりです。

このときに、向こうが「ありがとう」を言ってくれないと思うのは、こちらの未熟さにほかならないのです。

托鉢の正しい作法というのは、喜捨させていただいた側が「ありがとうございました」と言って立ち去ること。「仏門に帰依した人たちに、私のお金を正しく、美しく使ってもらう。そのために、今、生活にかかわりのないお金を持って行き、喜んで出させていただく。その施しをすることで神仏から微笑をいただく」ということが喜捨の意味だからです。

托鉢に来てくれている僧というのは、お金をいただきに来ているのではなくて、施しをさせてあげるために来ているのです。本当は、お寺まで行って喜捨をしなければいけないのに、施しをさせにわざわざ出向いてくれています。

その因果関係がわかると、チャリンと入れて「ありがとうございました」と言って帰ることができます。

「お金があったら、喜捨をする」という人がいますが、それはちょっと違うらしい。

先に、自分の生活にかかわりのないお金を出し、それが喜ばれるように使われる。その結果として、自分のところに返ってくる、という仕組みになっているようです。

本当のお金持ちとは

大地震でびくともしなかった大地主の旧宅

新潟市の東南15㎞くらいに横越《よこごし》町という町があります。そこに北方文化博物館という財団法人になっている建物があります。これは、越後屈指の大地主である伊藤さんという方の屋敷ですが、敷地8800坪、建坪1200坪、母屋の部屋数は65室もあり、個人の家では日本最大であろうといわれています。それを財団法人北方文化博物館に寄贈して、伊藤さんがその館長をしています。今の当主は8代目だそうです。

1964年（昭和39年）に新潟大地震がありました。マグニチュード7・5の大規模地震で、津波や火災による被害もあり、新潟県、秋田県、山形県、福島県、長野県など、全体で家屋の被害は2万戸以上（全壊半壊8600戸、全焼290戸）にのぼりました。

震源地は新潟市の北方沖でしたが、横越町でも多くの家が被害を受けました。しかし、65室もある伊藤家は、何の被害も受けませんでした。それどころか、瓦1枚落ちなかった。壁にひびさえ入らなかったそうです。

そこで、この家はすごいという話になりました。

この話を聞いた舩井《ふない》幸雄さんが、のちにその北方文化博物館に足を運び、新潟に来たときはよく寄るようになりました。

私の会を主催してくださった方が館長にお願いして、私たちも館長に案内をしていただきました。

普通、長い人でも1時間半か2時間くらいの滞在なのですが、舩井さんが初めて来たときは6時間いたそうです。船井さんは、この家にはパワースポットが7ヶ所あると指摘したとか。

私がこの話をして、「みなさん、その場所がわかりますか」と言ったところ、同行していた20人くらいの人の目が変わり、フーチや水晶玉を取り出していました。

この新潟大地震では、新潟の多くの家が倒壊し、火事で焼けた家もたくさんあったそうです。それほど激しい地震でした。そして、新たに町づくりをすることになりました。

しかし、伊藤家は瓦が1枚も落ちなかったどころか、壁にひびさえ入らなかったのです。いったいなぜだったのでしょうか。

3年半をかけて造った築山

伊藤館長が縁側にすわり、私たち20人にこのような説明をしてくれました。

大広間の前に池があり、その奥に小さな築山《つきやま》があります。この築山は、日本庭園の原則どおり、もともとあったものではなく、人間が築いたものです。

高さが5m、幅が10mくらいで、上まで行って下りるのに30秒くらいでしょうか。その小さな築山を造るのに3年半かかったそうです。ブルドーザーで造れば2時間くらいでできるかもしれません。

「なぜ、3年半もかかったのですか」と聞きました。

米どころの新潟は、3年間飢饉《ききん》だったことがありました。お米がまったくとれない3年間だったそうです。そのとき、伊藤さんのお父さんかおじいさんが、近隣の農家の人に声をかけて、「ここに築山を造ってくれ」と言いました。

「ただし、機械をいっさい使ってはならない。ブルドーザーや車や大八車も使ってはいけない。手で造ってください」と言ったそうです。

その築山を造るにあたっては、お年寄りだけでなく、小学生、中学生もみんな参加することができました。

伊藤さんは、子供心になぜそのようなことをするのか、わからなかったそうです。

全部出来上がってから、こう聞かされました。

「お金というものは、いつ使うかをいつも考えていないといけない。なぜ車や大八車を使ってはいけないかというと、たくさんの人手が必要だから。その間、ずっと賃金を払い続けてあげたかった」

そして、その築山が出来上がったときに、近所の農家から伊藤家に対してこのように言われました。

「伊藤さんのお蔭《かげ》で、私たちは、一家心中しないですみました。どれほどあの仕事で助かったかわかりません」

ただ喜ばれる使い方だけを考える

私はお金持ちになったことがないからわかりませんが、本当のお金持ちというのは、「いかにお金を使うか」ということを一生懸命に考えている人たちらしい。

「お金をどう貯めるか」を考えている人ではないのです。

私は唯物論で、全共闘ですから、お金持ちに対して生理的な反発があります。しかし、この伊藤さんの話を聞いて、かなり根底から考え方を変えられました。たとえみなさんにお金を払ってあげたいと思っても、人間には自尊心というものがあるので、ただ分け与えたのでは、その人たちが傷つくかもしれません。だから、気持ちを傷つけないようにして、なおかつお金がその人たちに行きわたるにはと、考えたらしいのです。その結果、築山を土で造り、その土を手作業で運んでもらうことになりました。

この事実はどういうことを示すかというと、周りの人たちは「この伊藤家に富を蓄えてもらいたい」と思い続けるだろう、ということなのです。妬《ねた》み・嫉《そね》み、嫉妬などは、この伊藤家には浴びせられなかったと思います。

「この家に仕事を頼んでおくと、この家は富を蓄えます。この人たちは、自分たちが飢饉などで収入がないときに、いろいろなことを考えて私たちを助けてくれるでしょう」

そういうふうに考えられたら、伊藤家に富を蓄えてもらいたいと思うことでしょう。そうしたら、この家は営業努力なんてしなくても、いざというときのために、どんどんお客さんが来るというわけです。

日本で最も大きい民家である富豪の伊藤家は、どうやってお金を貯めるかは一度も考えたことがないらしい。

ただ、どうやって使うか、一番喜ばれる使い方だけをいつも一生懸命に考えていて、いざというときにそれを使う人だった。その結果、周りの人は、いつもこの家に富を蓄えてもらいたいと思っていたのです。

大地震が起き、多くの家が倒壊したのに、この家が無傷だったのはなぜでしょうか。

この家は、そのときに食べ物から何から全部放出したのです。住まいも65室もあるので、そこで人々はしばらくの間生活することができました。

神さまから見ると、どうしても、この家は残しておく必要があったのではないでしょうか。

私は、今も唯物論なのですが、結論として神も仏も守護霊もいるという考えになっています。そして、その神は本当にいろいろなことができるようです。「この家だけは近所隣人の助けとして、傷つけないようにしよう」と神さまは思ったのではないでしょうか。

それは、「いかに自分のところがいい思いをしてお金を貯め込むか」ということを考えている家ではなくて、「いざというときに、いかに周りの人々に喜んでもらえるか」をいつも考えて富を蓄えていた家であったからでしょう。

人が困ったときにいかにお金を使うか

近江商人が伝えてきた「飢饉普請」

みなさんは、「飢饉普請《ききんぶしん》」という言葉を聞いたことがあるでしょうか。

近江商人が、日本の商人道の発祥です。織田信長が安土城下で楽市楽座令を出して自由商業を奨励し、才能のある商人が集まってきました。そして、日本各地に物を売り歩いた結果として、近江は商人の町になったのです。

近江商人の家訓として必ず残っているものに「飢饉普請」という言葉がありま す。

先ほど書いた北方文化博物館の伊藤家とまったく同じ考え方です。

伊藤家の場合は、家訓というよりは個人のインスピレーションだったようですが、近江商人には、全部の家に「飢饉普請」という思想がありました。

これは、「飢饉になって周りの人が困ったら、増改築をしなさい。必要のないところでもいいから、増改築しなさい」という思想です。

つまり、蔵の中に貯め込んでいた富を放出しろ、ということなのです。

その結果として、北方文化博物館のように、周りの人みんながこの家に商品を買いに行くようになります。そして、「この家に富を蓄えてもらいたい」と思うようになっていき、その商家は、自分たちが努力をしなくても必ず栄えることになります。


つまり、「周りの人が困ったときに、いかにお金を使うか」ということだけを考えていれば、周りから富が勝手に来てくれて、「私」に富を蓄えさせてくれるということ。

こういう構造を築き上げることができれば、その人は、自分が一生懸命に富やお金を集める必要がなくなります。

そのような状況を想像してみましょう。周りの人が、この家に恨み、妬み、嫉みを持つでしょうか。

持たないと思います。むしろその家に、「自分の代わりに富を蓄えてもらいたい」と思うのではないでしょうか。

もちろん、商いとして物の売買をしているわけですから、商品と引き換えに正当な儲けがその人のところへ来ます。その儲けの積み重ねにより、その人は蔵を建てることになります。

その蔵のお金は、いざというときには自分たちのために使われるかもしれない。そういう使い方をしてくれる人のところに富を集めようと、みんなが思うに違いありません。

逆にいうと、近江商人の商人道というのは、周りの人が困っているときに、いくらでも富を放出することにありました。そのために周りの人たちが一生懸命に支えてきたということのようです。

だから、「私」の力を1とし、それを支えてくれる周りの家が500あるとすると、500の力の上に乗っていることになります。

さらにこういう状況をつくり上げることができると、たぶん神も仏も支援をしてくれることでしょう。

これからは、いかにお金を貯めるかではなく、いかにお金を使うかを考えるようにするといいと思います。

喜ばれるように使う

お金が嫌がる3つの使い方

私は、大阪にある「中川無線電機」の創設者である中川昌蔵《しょうぞう》さんについて本を書かせていただきました（『守護霊との対話』ＳＫＰ刊）。この中川さんは、60歳のころからずっとご自身の守護霊と対話をしてこられました。

中川さんの守護霊さんが言っていることを私が書きとめたのですが、お金自身が一番嫌がる使い方（使われ方）は、ギャンブルだそうです。

ギャンブルを「楽しむ」というのはまだいいようですが、一攫《いっかく》千金を狙って、

「このお金で借金を全部返そう」というような使い方をすると、お金はすごく嫌がります。

2番目に嫌がられるのは、お金が入ってきたときに生活が変わること。贅沢《ぜいたく》華美ということを、お金は嫌がります。

3番目に嫌がられるのは、貯め込まれること。「水とお金は、流さないと腐る」といいます。だから、お金は貯め込んではいけません。貯め込んでいると腐ります。

「私には、腐るほど貯めているお金はない。貯まったら使いましょう」と言う人がいますが、これは逆。

先にお金を出して喜ばれるように使うと、お金が入ってくるらしいのです。

みんなに慕われたおばあさんがやっていたこと

人口が3000人くらいの村での話です。

その村で、77歳か78歳のおばあさんが亡くなりました。そうしたところ、3000人の村民のうち1500人がこのおばあさんの葬儀に参列したそうです。新聞社の支局の人が、あまりの人数の多さに驚きました。村長が死んでも7000～8000人だったのですが、そのおばあさんのときには、1500人もの人が参列したのです。

「いったい、何が1500人もの人を集めたのだろう」と新聞記者が取材をしました。

このおばあさんは、略歴でいうと小学校の先生を55歳までやっていました。そのあとは民生委員のようなことをやっていましたが、特別なこと――すごく目立ったことをするとか、国際ボランティアをするとか、そういうことはまったくしていませんでした。

そこで、記者は村民の一人一人を当たり始めました。何十人、何百人と取材をしていって、初めてわかったそうです。

このおばあさんは、死ぬまで、自分の教え子の店でしか物を買わなかったそうです。特別なことは、ただそれだけでした。

村に大型スーパーやディスカウントストアができて、みんながそこへ買いに行くようになっても、おばあさんは、大型スーパーよりも2〜3割高い教え子の店にしか行かなかったそうです。そこで、全部野菜も果物も肉も買いました。

それを78歳で死ぬまで、ずっと続けたそうです。

そのおばあさんは、いつもお店の人たちから、本当に心のこもった、万感の思いを込めた「ありがとうございます」という言葉を浴びて暮らしていました。

お金の使い方というのは、「自分にとって安ければいいのではない」ということを頭に入れてほしいと思います。お金は喜ばれるように使ったら、いくらでもお金自身が喜んでやってきます。

でも、喜ばれるように使うのではなく、自分がいかに喜びたいかだけを考えて、「いくらでもいいから1円でも安く、安く」と思って使っていると、お金自身は集まってきません。これも宇宙の原理・原則です。

ですから、お金をいかに喜ばれるように使うかということです。お金をいかに喜ばれるように使うかということは、お金の問題も含めて、いかに自分が喜ばれる存在になるかということにほかなりません。

自分ができる範囲でお金を出す

阪神・淡路大震災のときに、1杯5000円のラーメンを出したラーメン屋があるそうです。この店には200mも300mも人が並んでいましたが、1ヵ月くらいたったときには誰も並ばなくなり、半年後には倒産したそうです。

「困ったときに、いかにお金を集めるか」ではなく、「人が困ったときに、いかに自分の富を吐き出すか」ということが、お金に関する宇宙的な原理・原則であるようです。

この原理・原則に気がついたところから、その人は、お金に困らなくなるみたいです。

お金を貯めて預金通帳の桁が上がることを楽しんでいるのではなく、なるべく貯めないようにして使うといいようです。

「先に施しをする。まず喜ばれるように使う」ことから始まります。

だから、「ゆとりがあったら、それができるのに」と思うのは順番が違うらしい。ゆとりのない人は、施しをしていないから、という原因による結果らしいのです。

それは金額の問題ではありません。割合の問題です。例えば1割というのであったら、1万円の1割は1000円で、1000円の1割は100円です。自分にゆとりのない人が1000円のうちの100円を出す。その100円が、神・仏から見ればとても素晴らしいことであるらしい（富者の万灯より貧者の一灯といいます）。

金額の問題ではなく、気持ちの問題だと思います。自分の置かれている状況を顧みず、「それでも、もっと困っている人がいるかもしれないから、少しでも役に立ててほしい」と思って使うと、神はそれをじっと見ていて、返してくれるみたいです。

返ってくるときは、倍返しで返ってきます。これも、宇宙の摂理・方程式です。愛情を投げかけると、愛情が倍で返ってきますが、憎しみを投げかけると、憎しみが倍で返ってきます。

不平不満・愚痴・泣き言・悪口・文句を宇宙に向かって5分言うと、「私」を題材にした不平不満・悪口というものが、宇宙のどこかで、倍の10分は言われます。同じように、「あの人はとっても素敵な人で」と、人のよいところを賞賛して1時間しゃべると、自分のよいところをどこかで2時間語ってもらえます。

宇宙は、必ず倍返し。プラスもマイナスも倍返しです。

人を呪って、呪って「あの人を呪い殺してやる」と言う人もいます。しかし、呪いの想念も倍返しですから、1年間続けていたら相手を死なすことができるかもしれませんが、半年もたたないうちに自分の方が死にます。だから、やっても無駄です。

「よいことが起きるように」「幸せになってもらいたい」「長生きをしてもらいたい」という想念を目の前にいる夫、妻、子供、おじいちゃん、おばあちゃんに投げかけると、結局自分に返ってきます。

倍返しですから、思いもかけず、悪かった自分の体がよくなったりします。

飢饉になったときに富を放出して困っている人のために使い、それによって、常に周りの人がこの家を支えてくれるようになるシステムが、近江の「飢饉普請」。

それを個人のレベルでやっていったら、どうでしょうか。

「私」の手元にある程度自由になるお金がある場合、「そのお金を貸してくれ」と言われたら、「はい、いいよ」と言って貸すよりは、仕事として何かを創出するのがいいと思います。

例えば、先ほどの伊藤家がしたように、両手で土を運んでもらうとか、飢饉普請の場合は、増改築をすることで仕事をつくり出します。その大工仕事に携わる人は土木、建築、排水、下水、道路づくり、庭師などというのもあると思います。

それにともない仕出屋さんがお弁当を入れるというような仕事も出てきて、全部が流れ動いていきます。

このように物事を考えていくと、どこかに流すことを考えていれば、お金や富は自然と流れていくのではないでしょうか。

そういうシステムの中で自分が生きていくと、周りの人が「この人にいつも富を持っていてほしい」と思うようになり、その想念の結果として、みこしの上に乗って生きていくということになります。

「貧しいから出さない」「出さないから戻ってこない」「戻ってこないから出せない」「出せないから貧しい」というようにぐるぐる回っているリングを、どこかで断ち切ってみてはどうでしょうか。

お金が貯まったら出すのではなく、普通の人よりも持っているから出すのでもなく、とにかく自分の中で出せる金額を出す、というところから始まるようです。

お金が無限に入ってくる方法

財布は初めて入れたお金の額を記憶する

お金が無限に入ってくる方法をお教えします。

お財布を新しく買った場合、初めて入れた金額が、その財布が記憶する金額になります。初めて買った財布に20万円か30万円入れておくと、その財布自身が「自分は20万円か30万円の守り神である」という認識をします。

例えば、20万円のうちの5万円がなくなっても、あとの5万円を呼び集めて、自分の中にいつも20万円をキープしようとします。だから、その財布の持ち主が自分自身で何も考えなくても、常に20万円あるようにお金を呼んでくれるのです。

普通の人は、4～5万円使うことはあっても、バーなどに行って一晩で20万円、30万円も使うことはないと思いますので、20万円か30万円入れておくと底をつくということはないでしょう。

「でも、最初に3000円とか4000円しか入れなかった人は、どうすればいいのでしょう」と言う人がいると思います。

そういう場合は、すぐに2つ目を買って、新しくお金を入れ直すといいかもしれません。

では、前の財布はどうするかというと、甥《おい》っ子や姪《めい》っ子さんにあげるといいと思います。甥っ子や姪っ子さんは、数千円、数万円レベルの経済規模で生きているわけですから、それはそれで役に立つ財布になります。

お札の面白い折り方を紹介します。

千円札を5枚用意して、お札の左右に書かれた「1000」という数字の、0

が全部つながるように折って並べると、「10の30乗」円になります。このようにしたものをクリップでとめて財布の中に入れておくと、財布を出し入れするたびに見ていると楽しいです。すごくたくさんお金を持っている気分になります。

そして、ものすごい金額が入っている財布だと、財布が勘違いし、財布自身がお金を呼び寄せてくれます。

1万円札も同じように0を並べて折ると、5枚で「10の40乗」円になります。このように毎日、〝高額紙幣〟を入れているものですから、落とさないようにしないといけません。(笑)

面白いことに、私は常時20万円くらいを入れていますが、あまりお金を使わないのです。どうして使わないのだろうと思ったら、このような状態にしておくと、早い話が、使いにくい。「衝動買い」が少なくなります。

でも、1ヵ月に1回くらいは、この折ったお札を使って、別のお札を折って入れておいた方がいいです。お金というものは使われるために生まれてきたので、ずっとしまわれているのはつらいものらしい。使われるためにお金は存在します。

お金が入ってくる人の共通項

財布をこのように使う方法のほかに、もうひとつ、お金が無限に流れ込んでくる方法があります。

それは、〝蛇口〟をひねることです。それで終わりです。お金が入ってこない人は、蛇口をひねらないから、もったいないと思って蛇口を閉めているから出てこないのです。それだけのことです。

お金がたくさん入ってきてほしい人は、蛇口を左向きに開ければいいのです。上にたくさんダム湖のようにありますから、ずっと無限に流れ込んできます。

この流れてくるお金を自分のものにしようと思って、蛇口をギュッと右向きに閉めると、閉めたとたんに流れてこなくなります。それで、話は終わりです。

先ほど、私は「お金が無限に入ってくる方法をお教えします」と書きましたが、「貯まる」とは一言も言っていません。貯めようと思った瞬間に、お金は貯まらなくなります。常に蛇口を開けて流していれば、流れ込んでくるのです。

そのようになっているということが、宇宙の法則としてわかりました。

だから、自分のところにお金が入ってこないという人は、自分が流していないからです。貯めよう、貯めようと思っているとダメなのです。この原理がわかった人は、「たまりませんわ」と言いそうですね。

なぜお金が入ってくる人と、入ってこない人に分かれるのでしょうか。

お金が入ってくる人の共通項は、「お金が入ってこなくてもいい」と思っていることです。こだわっていない人には入ってくるのです。「どうしてもお金が欲しい」と思っている人には入ってきません。

何よりも楽しんでやることが一番

「じゃあ、小林さんは、なぜお札を折ったりしているのですか」と聞く人がいます。

私は面白いからやっています。

「じゃあ、お金が入ってこなくてもいいのですか」と言われるかもしれませんが、別に入ってこなくても構いません。

なぜ面白いのかというと、私は宇宙法則の研究家なので、宇宙の方程式がそこに生きているかどうかを確認したいのです。

例えば、「0」をこれだけ集めて財布に入れておくと、財布がそのように認識をして仲間を呼んでくれるという話がとても面白かったのです。そして、周りの数十人に話をしたら、あっという間に結果が出ました。あまりにも結果が出るので、これはほぼ間違いありません。私自身は面白がってやり始めたのですが、面白がると本当にお金が入ってきます。

どうしてもこのお金がないと困るとか、家業がやっていけないとか、不渡りを出すとか、そういうことから必死の思いでやり始めた人もいますが、この人たちは、そうはならないようです。欲しいだけのお金がパッと入ってこないのです。

なぜかといいますと、執着している人は〝超能力〟が使えないからです。超能力者になるためには、「執着を捨てること」が「絶対に」必要です。

執着とは、要するに接着剤を自分の体にペタペタとくっつけているようなものです。一生涯、ベチャベチャとくっつく接着剤をつけていると思ってください。瞬間に固まるのではなく、永久に固まらない接着剤です。

執着を持っている人は、自分の超能力を自分の体にベチョッとくっつけて向こうに飛ばしていないということです。体中が接着剤だから、自分の超能力である85%の潜在能力が出なくなるので使えないのです。

「そうならなければ嫌だ」と思った瞬間に全然そうならなくなります。

「そうならなくてもいいけど、なったらうれしい。そうならなくてもいいけど、なったら楽しい。そうならなくてもいいけど、なったら幸せだ。そうならなくてもいいけど、なったら有り難い」というように、喜びだけを上乗せするのです。喜びの想念だけを宇宙に向かって投げかけると、面白い現象が起きます。

執着があると潜在能力が使えないので、自分の実力でしか戦えません。面白がることが、ものすごく重要です。

このように喜びだけを投げかけると、神さまや「お蔭さま」は喜ばれたくて喜ばれたくてしょうがない方たちなので、その喜びを与えたいと思うようです。

ところが、「そうでなければ嫌だ。そうでなければ不愉快だ、悲しいし、悔しい」と思う人には、そのような現象が起きません。

「お蔭さま」からのメッセージ

貧乏神と福の神は同じ神さまらしい

私の「お蔭さま」は、年に4回ほどメッセージを下さるのですが、「福の神」と「貧乏神」について教えていただきました。

天上界から降りてきた神さまは、まだその時点では、「福の神」とも「貧乏神」とも呼ばれていないそうです。要するに、「福の神」も「貧乏神」も同じ神さまらしいのです。

金遣いの荒い人・お金を使うのが好きな人には、金遣いの荒い神さま・お金を使うのが好きな神さまがつくそうです。つまり、金遣いの荒い志向性を持っている人に対して、それをさらにバックアップするような神さまがつくそうです。

つかれた人間が自分のためだけにお金を使っている場合には、向こうからもこちらからも「貧乏神がついた」というらしい。

その反対に、自分のためには全然使わないで、人のためだけにお金を使っている場合に、その人についた神さまを「福の神」と言い、向こうからもこちらからも「福の神がついた」というそうです。

この話を聞くまでは、「貧乏神」というものは、ものすごく貧相な顔をしていて、作務衣かなにかを着た体の細い神さま、というイメージを持っていました。

でもそれはまったく違いました。

「貧乏神」は、夏でもミンクのコートを羽織り、10本の指に全部ダイヤモンドをはめていて、笑うと全部金歯、というような神さまのようです。

「貧乏神」とは、お金を使わない神さまではなくて、お金を滅茶苦茶に使う神さまなのです。それも、自分のためだけにお金を使う神さま。

「投げかけたものが返ってくる」というのが宇宙の大法則ですが、自分のためだけにお金を使っている人というのは、自分のところにお金は返ってきません。必ずじり貧になっていくということです。

神さまは「きれいなもの」が好き

あるとき、私の「お蔭さま」が、「神さまは、きれいなものが好きだ」というメッセージを下さいました。

目鼻立ちが整っていて、顔かたちが整っていて、姿かたちが整っているきれいな人を、神さまは応援し、支援するそうです。だから、そのような人は、生まれ育ったところからいきなり芸能人になったり、歌手になったり、俳優になったりする道が、ほかの人よりも広く開けています。

そして、「心のきれいな人」も神さまは好きなのだそうです。神さまにはもうちょっと公平な部分があって、目鼻立ち、見た目だけではなく、きれいな心に対してもすごく支援、応援をするようです。

この話をすると、「目鼻立ちでは勝負ができない。美しい心でも勝負ができない。どちらも勝負ができない人間はどうしたらいいでしょうか」と聞く人がいます。

安心してください。天上界の人は、きれいなものが好きなのですが、「見た目がきれいな人を応援し、あるいは心のきれいな人を応援し、さらに身の周りをきれいにしている人を応援する」のだそうです。

これは、力づけられますよね。だって、3番目は誰だってできるではありませんか。

1番目は、持って生まれた親の遺伝子によってほぼ決まっているから、これはしょうがないと思うでしょう。考えても仕方がありませんから、諦めた方がいいかもしれません。

2番目も、まあまあできるかもしれませんが、「美しい心」というのは、具体的にはよくわかりません。

以前、「ハドソン川の氷の中に取り残された女性に浮き輪を譲り、その浮き輪を譲った男性は亡くなった」という話がありました。このように人を救った人が美しい心の持ち主だというのはわかりますが、例えば、「自分の国の貿易センタービルに飛行機が突っ込んで、3000人もの人が死んだから、この人たちの仇《かたき》を討つために派兵を決めた」というのは、美しい心なのかどうか、わからないところです。これを非難することも、賛美することも難しい。

私だったら、派兵を命じなかったでしょう。私たちは、東洋的な解決方法をとるためにこの世に遣わされたのです。紛争やトラブルが起きたときに、そのような西洋型の解決方法をとらないと決意して生まれてきたらしいので、たぶんそれはやらなかったと思います。

ただ、亡くなった3000人の遺族の恨み、悲しみを背負ってやったということでいうと、遺族の立場からすると〝美しい態度〟だった、と考える人もいるかもしれません。

神が「美しい心」として何を気に入るかは、わかりにくい問題です。
しかし、3番目ははっきりと目に見えてわかります。これは、自分の身の周りを整理整頓することなのです。その中でも、一番汚れが目立つところであるトイレと、流しと、洗面所をきれいにしておくことは、神さまからとても評価されるようです。

この3番目の話は力づけられます。1番目と2番目は勝負できないかもしれない。でも3番目なら、なんとか勝負できそうでしょう。私は、どうしても1番目だという人はそれでいいですが、本人がそう思っていても周りの人は、「んんん……」と言っているかもしれません。(笑)

でも私たちは、たとえ3番目でも、神さまの笑顔を得られることがわかると、勇気づけられます。

家についてくれる7人の神さま

トイレの神さまは一番遅れてやってくる

これは、私の守護霊さんが教えてくれた話です。

掃除をするとはどういうことかというと、人間社会に例えると、このようなことではないかと教えてくれました。

それぞれの家には、7人の神さまがつくそうです。家が新築されると、この7人の神さまがダーッと走っていって、自分の担当する部屋を決めるらしいのです。

7人の神さまのうち、一番早く着く神さまは、応接間が一番お金がかかっていて見栄えがよく、格好いいということで、応接間の担当になるのだそうです。

2番目に着いた神さまは、2番目にお金がかかっていて見栄えがいい玄関を担当することになります。

3番目に着いた神さまは、次にお金がかかっていて見栄えがいいのは寝室と居間ですが、居間の方が、大きいテレビが置いてあったりトロフィーが置いてあったりするので、居間を担当します。

4番目に着いた神さまは、残っているところでは、寝室が一番見栄えがいいので、寝室を担当します。

5番目、6番目、7番目に着いた神さまには、流し、洗面所・風呂と、トイレしか残っていません。

5番目に着いた神さまは、その水回り3ヶ所の中で、「食べるところの神」「台所の神」「かまどの神」という言葉があるくらいですから、台所がこの中では一番格が高いということで、台所の神さまになります。

6番目に着いた神さまは、汚れたところを洗い流すという意味で、洗面所とお風呂をひとりで担当します。

最後の7番目の神さまがたどり着いたときには、担当するところがトイレしか残っていないので、7番目の神さまは必ずトイレを担当します。

この7人の神さまが到着するのに、どうしてこれほど時間が違うかというと、持ってくるものが違うからです。

1番目の神さまは、何も持たずに手ぶらで、脱兎《だっと》のごとく走ってきます。

2番目の神さまは、小さな紙袋くらいのお土産《みやげ》を持ってきます。

3番目の神さまは、セカンドバッグのようなものに、お土産をつめてきます。

4番目の神さまは、小さなナップザックを背負って走ってきます。

5番目の神さまは、ちょっとしたリュックサックを持ってきます。

6番目の神さまは、リュックサックの中に大きな、ものすごい塊を入れてきます。

そして7番目の神さまは、山男が背負うような、後ろが全部見えなくなるほどの大きなリュックを背負っています。走ろうとしますが、どうしても速く走れないので7番目になってしまいます。

そのバッグ、リュックの中に何が入っているかというと、金銀財宝が入っているのですね。その家に行って、みんなを裕福にしてあげようと思うのだそうです。

7番目の神さまは、とても心がやさしく温かい方なので、一番大きなリュックを背負っています。大汗をかきながら、走るどころかゆっくり一歩ずつしか歩めないので、やっと着いたときにはトイレしか残っていません。

この神さまの名を「うすしま明王」といいます(「うすさま明王」とも呼びます)。

損得勘定でいいので、トイレ掃除をする

トイレに「うすしま明王さま、ありがとうございます」と書いておくと、いいことが起きるようです。

また、この「うすしま明王さま」がやる気になって神さまとお話ししてくださ

る、トイレの真言というのがあります。この真言は、意味がわからなくてもいいから、とにかくその言葉を唱えると、勝手に現象が起きて、自分に楽しいものになるらしい。

その真言は「おんくろだのう　うんじゃくそわか」といいます。

うすしま明王さまの名前を言い、「おんくろだのう　うんじゃくそわか　おんくろだのう　うんじゃくそわか」と唱えながらトイレ掃除をすると、なぜかお金が入ってきます。そして、入ってくるお金にも、「0」が余分についていきます。

「純粋な心でなく、損得勘定をしながらトイレ掃除をしていいのですか」と言われることがあります。

純粋な心でなくても全然構いません。損得勘定あり、下心あり、邪心あり、野心ありで結構です。「邪心」でいいですが、大事なのは「面白がること」。

人間は、完全に純粋できれいな心になって何かをしようというのは、何をするにしても無理。100年、200年かかります。

とにかく、損得勘定が100%、200%でも構いませんので、トイレ掃除をやっていくと、なぜか臨時収入があります。

流し、風呂・洗面所、トイレの水回りをきれいにすると、普通のリュックで金銀財宝を持ってきてくれた神さまを大事にすることができ、大きなリュックで金銀財宝を持ってきた神さまを大事にすることができ、今度は「かに族」ふうの、ばかでかいリュックを持ってきた「うすしま明王さま」を大事にすることができるので、この3ヶ所をきれいにしているとお金に困らなくなる、というのが「お蔭さま」からの話なのです。

5年ほど前から、このことをみなさんにお話しするとともに、私自身もトイレ掃除をやり始めました。そうしたところ、1年くらいたったころから臨時収入が入り始め、だんだんとその金額も増えているような気がします。でも、私は何の努力もしていません。

私たちが汚れていると思っているところを掃除すると、「我欲」「執着」「こだわり」を取ることができるようです。透明な心になるとゴミがなくなって、上から勝手にお金が入ってくるという「お蔭さま」が教えてくれた現象が、実際に起きています。

掃除をするとお金が入ってくる理由

貯めようとすると貯まらない

無限にお金が入ってくる方法をお教えします。精神的な幸せよりも、実際にお金が入ってくる方がうれしい、という人がほとんどかもしれません。（笑）

無限にお金が入ってくる方法とは、3秒で言うことができます。

それは、トイレ掃除をすることです。トイレ掃除をやり続けていると、お金が無限に入ってきます。

どんどん入ってくるのですが、この言葉をもう一度反芻《はんすう》してみてください。

「無限にお金が入ってくる」とは言いましたが、「無限にお金が貯まる」とは言っていません。

貯めようとした瞬間にダメになるのです。この宇宙の摂理はとても面白い。お金を無限に宇宙からいただいて無限に使っていると、無限に入ってくるのですが、貯め込もうとすると貯まらない。

実は、今、生きていて、生活しているというのは、無限にお金が入ってきているからできることなのです。世の中に、「私の人生はついてなかった。恵まれていなかった」と言う人がいますが、恵まれていなかったら生きてはいないでしょう。

今、生きていること自体がついていること。「私の人生は、ついていなかった」と言うことは、驕《おご》り、高ぶり以外のなにものでもありません。生きていること自体が奇跡の連続なのですから。

お金が入ってくる仕組みを、「お蔭さま」から教えていただきました。例えていうと、次のようなことだそうです。

ダム湖があって、そこから導管を通って川が流れてきます。このダム湖が私たちにとってのエネルギーです。エネルギーとは、私たちを元気にしてくれるものです。

それは愛情であったり、友情であったり、やさしさであったり、温かさであったり、おいしいものであったり、それからお金であったりと、人によっても違います。

「お金が入ってきても全然うれしくない」という人は、その人にとってお金はエネルギーではありません。

「お金がたくさん入ってくると、元気になって楽しくなる。やる気になる」という人は、その人にとってお金もエネルギーになります。

やさしさがたくさんあると元気になってやる気になる人は、やさしさがその人にとってのエネルギーというわけです。

流れを止めているゴミを取り除く

エネルギーはダム湖のように上に貯まっています。その導管の中をゴミが止めているから水が流れ込んでこないのです。これを取り除けばいい。ゴミを取り除くだけでいいのです。

このゴミは、「我欲」「執着」「こだわり」という3つです。この3つがあるから、流れ込んでくる無限のダム湖の水、すなわちエネルギーをブロックしています。

「我欲」「執着」「こだわり」がゴミになっているので、「お金が欲しい」と思っている人には、お金が入ってきません。

「だって、お金が入ってこないから欲しい」と屁理屈を言う人がいますが、欲しがっているから入ってこない、というのが「因果関係」です。

普通の人は、すぐお金が入ってくると思ってしまって、「念じなさい」とか

「必死になって思えばそうなる」というような自己啓発セミナーの方へ飛びつきますが、私の到達した結論はまったく違います。

そのように念じて、必死になって「我欲」「執着」「こだわり」を一生懸命にかき立てればいいのではなく、それを捨てる方がいいようです。これが宇宙の摂理です。

「我欲」「執着」「こだわり」がなくなると、このゴミがなくなって勝手にどんどん入ってきます。

でも何回も話しますが、貯まりません。

「我欲」「執着」「こだわり」がないのだったら、お金が入ってきても貯めようと思わないでしょう。ゴミがない分、どんどん流れ込んで、どんどん下に流れていきます。そして、流れていくから、またどんどん入ってくるのです。

「じゃあ、全然自分が楽しくないのではないですか」と言われるかもしれませんが、とりあえず、ほかの人のところを通過するよりは、自分のところを通過してもらった方が楽しいということです。

この「我欲」「執着」「こだわり」という精神的なゴミを取り去るためにどうすればいいかというと、掃除をすること。

精神的な掃除ではありません。本当の掃除をするのです。

泥棒が入りやすい家、入りづらい家

県警に勤める人から聞いた話

九州のある県警に勤めている方がいます。その方と奥さんは、私の話を何十回も聞きに来ていて、２人で「トイレ掃除をするといい」とか「ありがとうを言っていると奇跡が起きる」という話をいつもしています。

このご夫妻には、30歳くらいの娘さんがいるのですが、この娘さんに対していつもそのような話をしているそうです。けれども、娘さんは私の話を直接聞いたことはありません。私の話を間接的に聞いていて、私の本も何冊か読んだことがあるという程度でした。

この娘さんは、某県警本部の鑑識課に勤めています。県警本部に勤めているほかの警察官は、この娘さんから私のトイレの話などは聞いたことがありません。

このような状況を頭に入れてください。


ある現場から、鑑識課の5、6人が帰ってきたそうです。帰ってきて、この人たちが話をしているのを、この娘さんが事務をとりながら聞きました。

この人たちは、次のように言ったそうです。

「犯罪の現場になるところは、どうしてこうも揃《そろ》いも揃って、トイレと流しと洗面所が汚れているのだろう。今まで自分たちが行った犯罪の現場で、トイレと流しと洗面所がきれいだったところは、ほとんどない」

そうしたら、同じ鑑識課の10人くらいの人も集まってきて、「そういえば、あの事件のときもそうだった。この事件のときもそうだった。そういえば、あそこもそうだったなあ」と話に花が咲きました。

このように、この娘さんは「犯罪の現場になるところは、トイレと流しと洗面所が汚れている場合が多い」という話を聞いて帰ってきました。

それをこの両親が聞いて、「正観さんのトイレ掃除の話とリンクして、すごく不思議」と私に話してくれました。

これは、すごい話です。

すごい話なので、講演会で話したことがあります。そのときの講演テープが出回り、関東の方で聞いた方がいました。

この方も、関東のある県警に勤めているのですが、同じことを言っていました。「実は、私の何十年かの経験で言うと、トイレ、流し、洗面所が汚れているところが犯罪の現場になりやすい。たぶん、日本中でそうだろう」

泥棒が入りたくなる家の特徴

泥棒が、たまたまある家に入ったとします。人がいなかったら、空き巣という形で帰ってこられますが、人がいたら、強盗になってしまいます。その相手と取っ組み合いになったり、刃物を振り回したりして相手を殺した場合は、強盗殺人になります。

つまり、「この家を選んでこの家に入ろう」と思うところから犯罪が始まります。

でも、トイレと流しと洗面所は外から見えるでしょうか。見えないのに、入っていったところは、必ずトイレと流しと洗面所が汚れているのです。

2つの県警の人が「トイレと流しと洗面所が汚れているところが、犯罪の現場になっている。トイレと流しと洗面所がきれいなところは、犯罪の現場になりにくいようだ」と言っていました。

これはどういうことでしょうか。

このような家は入りやすいのかもしれません。「入っていいよ」と家のオーラが言っているのだと思います。泥棒は外から見てわからないはずなのに、汚れているということで、シンパシーを感じて（共鳴・共振して）誘い込まれるのではないでしょうか。

「泥棒」という言葉は、「泥」という字を使います。なぜ「泥」という字を使うのでしょうか。なぜ「泥棒」というのか、とても不思議です。

トイレ、流し、洗面所が「汚れ」ているのと、「泥」というのが、すごく共鳴しているような気がします。


今のは家の話ですが、それでは、毎日毎日、自分が使ったトイレ、流し、洗面所を、スーパーマーケットであろうが、高速道路であろうが、自分の家であろうが、公民館であろうが、ものすごくきれいにして生きている人がいるとします。

その人は、家と同じように、その人そのものにオーラがあるのではないでしょうか。

家に泥棒が入りにくいのと同じように、掃除をしているその人個人に、通り魔などが刃物を向けられないような、ある種のオーラがあるのかもしれません。あるいは、居眠り運転をして、ふらっと中央ラインを突破してくる車があったときに、「この人の車にはどうしてもぶつけることができない」というようなオーラをその人は発しているのかもしれません。

人ひとりにも、オーラがあるのではないでしょうか。もしかすると、そのオーラをつくるのは、「汚れたところの掃除」なのかもしれません。

目の前の「人・こと・もの」を大事にする

あるラーメン屋さんの話

経営の帝王学というのは、目の前の人を大事にし、目の前のことを大事にすること。それだけです。これが本当に正しい刹那《せつな》主義です。刹那主義の意味がわかったら、あとは人生の中で何も考える必要はなさそうです。

よく、私はラーメン屋さんの話をします。

10日前にお客さんが10人で、5日前に5人になって、昨日はひとりしか来なかった。今日はひとり来るか、来ないかどちらかだ。このように、お客さんがだんだん減ってきているラーメン屋さんがあるとします。

1ヵ月後には不渡りを出して、2ヵ月後には店を売らないと食べていけない。そうしないと借金が返せない——というような状況で、今日ひとり来るか、来ないかのお客さんが、たまたま来たとします。

もう、気もそぞろですから、お客さんにラーメンを出すときに、スープの中に親指が入っているわけです。

お客さんが、「おやじさん、おやじさん。指が入っているよ」と言います。そうすると、そのお父さんは天井をにらんだまま、お客さんの顔をまったく見ないで、「大丈夫です。熱くありませんから」と答えたりします。

問題は、2つあります。指が入っていることに気がつかないということと、指が入っても熱くないようなスープを出していることです。

指が入ったら熱く感じるような、しっかりとしたスープを出してくれという問題もありますが、そのような細かいことは、置いておきます。

このようなことをすると、このお客さんは――たったひとりで間違って入ってきたのですが――明日からは来ないでしょう。

なぜ、今日、目の前に来た人を大事にしないのでしょうか。

「10日前にお客さんが10人だった。5日前は5人だった。おとといは2人。昨日はたったのひとり。明日お客さんが来なかったら、1ヵ月後に倒産だ。2ヵ月後には店を売らないといけない……」

そんなことばかり考えて、今、目の前のお客さんにおいしいラーメンを出そうとは全然思っていません。

「刹那主義」とは念を入れて生きること

私たちの人生は、3秒前はもう過去なのです。2秒前も過去です。今、目の前にこの人がいるこの瞬間、この刹那だけが、今なのです。

そうしたら、もう過ぎてしまった、悔やんでもしょうがない過去について考える必要はありません。

まだ来ていない明日というのは、永久に来ません。明日というのは、寝て起きたら明日だと思っている人がいますが、寝て起きたら「今日」なのです。

今、目の前にいる人を大事にする。目の前にやるべきことがあったら、ただひたすら大事にしてやっていく。私たちには、それしかできない。

今、この瞬間から心を入れかえて、本当においしいラーメンを出してあげたら、その人が友人に電話をして、「すごくおいしいラーメン屋さんに出会ったぞ」と宣伝をしてくれるかもしれません。

そして、明日は2人で来てくれるかもしれません。またその2人に心を込めておいしいラーメンを出してあげたら、翌日は4人になるかもしれない。

でも、4人になるかもしれないと思って、そのことばかり考えて、今、目の前にいるお客さんのラーメンに指を入れていてはダメなのです。

簡単なことです。私たちは、未来のことを考える必要はありません。過去のことも考える必要はありません。

ただ、今、目の前に存在する「人」「こと」「もの」を大事にすること。それを「刹那主義」といいます。すなわち、「念（今の心）を入れて生きる」ということです。

超一流になる人の共通点

道具を大事にすると功徳がある

2002年のワールドカップのサッカーで、日本が予選を勝ち上がりました。

これはなぜかといいますと、功徳を積んだからだと思います。

世界のサッカーチームの中で、日本チームがロッカーを一番きれいに使っていました。FIFAという国際サッカー連盟がいろいろな係員の情報を集めてきて、「日本のチームはロッカーの使い方がものすごくきれいだ」と絶賛して記者会見までしました。

そのように道具を大事にし、自分が世話になっているものを大事にしている人には、必ず神さまからの微笑《ほほえ》みがあります。

イチローは選手時代、時間があると自分でバットやグローブやシューズを磨いていたそうです。

「そんなことはグラウンドボーイにさせればいいじゃないか」と言った人がいました。そうしたら、イチローは、

「いや、これに私は世話になっている。これでご飯を食べているのだから、自分で磨きたい」と話したそうです。

新人のホームランバッターで、これからホームラン王になるかもしれないという人を観察してみてください。ホームランを打ち終わって、バットをポーンと投げる人は絶対に大物になりません。ホームランを打ったあとに、そのバットをそっと置いた人は、ホームラン王になるかもしれませんが、バットを投げた人は、超一流の人にはなれません。

つまり、自分がホームランを打たせてもらったバットを放り投げてはダメなのです。

王選手は、世界で一番のホームランバッターでしたが、打ち終わってバットを置くときは、バットのヘッドが地面についてから、手を離しました。イチローもそのようにしています。

このように、自分が生活をさせてもらっている道具に対して、すごく丁寧な接し方をする人がいます。

道具にも魂が入っているのです。例えば、バットの芯からちょっと1㎜か2㎜ずれたところにボールが当たって、本来はライトフライになるようなときでも、「この人には世話になっている。こんなに大事にしてくれる」とバットやボールが考えて、ホームランになるのかもしれません。

自分が世話になっているものに対して、感謝の念をもって接している人は、必ず何をやっても恵まれます。実は、自分の力ではなく、自分の周りのお蔭で何でも成り立っているのです。

自分を支えてくれる存在を大事にする

長嶋茂雄さんが現役を辞めた経緯をご存知の方はいるでしょうか。

記者会見では「限界を感じて」と言いましたが、親しい人には別のことを話したそうです。

記者会見では明らかにされていない長嶋茂雄さんの本当の心の部分です。

長嶋さんは、親しい人にこのように話したそうです。

「自分がバットを振って球が飛んでいくときに、当たりそこないがたまたま外野の前にポトッと落ちたり、ショートゴロのときに、イレギュラーバウンドでショートの頭を越えてくれと思って走っていると本当にそうなったり、ボテボテの当たりが野手と野手の間を抜けていったり、というようなことがものすごく続いてきて、自分はそれで打率3割台を保ってきた。ところが、引退を表明した前の年から、そのようなことがすごく少なくなり、そして、引退をした年は、そのようなヒットがほとんどなかった。野球の神さまが、そろそろ辞めなさいと言っているると感じたので辞めることにした」

長嶋さんは天才と言われて自分の才能でやっていた、とみなさんは思っているでしょうが、そうではなかったようです。野球の神さまがついていると思いながらやっていたらしいのです。

そして、「どうも神さまが微笑まなくなったな」と思ったときに辞めたというわけです。

では、イチロー選手がなぜたくさんヒットが打てるかというと、「自分がやっているのではなくて、このバットやグローブ、スパイク、シューズ、ユニフォームが自分を働かせてくれて、応援をしてくれている」と思っているからかもしれません。だから、道具を大事にしているのです。道具を大事にしている人には、必ず、宇宙も物もこたえます。

みなさんが、食べたり、生活をしたり、生きていることに対して、支えになってくれているものはいろいろとあるでしょう。

みなさんを支えてくれている最大のものは夫かもしれません。さらにもうひとつの最大のものは子供です。そして、寝込みがちな舅《しゅうと》、姑《しゅうとめ》も、実は自分を支えてくださっているのかもしれません。それから、よく小言を言う叔父さん、叔母さんも、実は自分をものすごく支えてくれている人かもしれません。

勤めている人は、口うるさい課長や不機嫌な顔の部長を憎んだり、恨んだりしているわけですが、よく考えてみると、その人たちは実は自分をすごく支えてくれる人かもしれません。

このようなことがわかってきたら、「道具もそうだけれども、人間はどうして大事にしないのですか」という話になります。

道具を大事にしている人は、必ず宇宙や神さま、仏さまから支援や応援があって、支えられているのです。

道具も大事ですが、私たちは身近な人たちに、とても世話になって生きているのではないでしょうか。

その人たちに対して「ありがとう」「ありがとう」と言いながら生きていると、その人たちは、その声が聞こえなくても、私たちを支援する方向に動いてくれるみたいです。

なぜか売れてしまうものの作り方

私の周りの商品はどうして売れるのか

私の周りには、本のほかにＣＤ、財布、パジャマ、ハンカチ、パワーカード、コースターなど１００を超すＳＫＰ商品が出ています。ＳＫＰとは、Seikan Kobayashi Presents の略称です。

これらの商品は、何勝何敗かといいますと全戦全勝なのです。赤字になったものはありません。すべての商品を私以外の方が作っていますが、すごく売れるので、みなさんやる気になっています。

これらの商品は、なぜ売れるのでしょう。

関係者は努力していません。頑張っていません。まったく必死になっていません。それなのになぜ売れるかといいますと、感謝をしているから。それだけです。

例を挙げると、私の本を作ってくださる出版社はいくつかありますが、編集の方、イラストを描いてくださる方、印刷会社の方、発送してくださる出版社の方、というように、多くの方がかかわっています。

私は今、本を作るときは、原稿の代わりにテープに言葉を吹き込んだり、講演テープから原稿を起こしてもらっています。編集の方は、ひとつのフレーズを原稿にするのに10回も聞くことがあるそうです。内容が面白くて、聞き入ってしまうことがあるのだとか。

絵を描いてくださる方も、すごくこの仕事を楽しんで、喜んで、心を込めて絵を描いてくれています。

そして、原稿ができたら印刷会社へ送ります。

「小林さんの本は、とてもいい紙を使っていますよね」と、ある印刷会社の人に言われたことがあります。問い合わせをしたところ、洋紙の中でも質がいいもので、最低100年は持つといわれているものを使用しているとか。コスト的には、1500円の本では普通使用しない紙だそうです。

さらに本が出来上がってくると、出版社からお客さまに送ってくれるのですが、あまりに丁寧に送っているものですから、私のところへ「誰が送ってくれているのですか」と問い合わせがあるくらいです。

私の本に携わっている方は、最初から終わりまで全員が喜びに満ちてやってくださっている。そして、私も楽しんで本を作っています。

私は、これらの本の制作に携わっている方全員に「ありがとう」を言い続けています。

とにかく、「ありがとう」「ありがとう」「ありがとう」「ありがとう」「ありがとう」と言っているのです。そうすると、作ってくださっている方は、すごくやる気になります。

携わっている人全員に感謝する

このような喜びに満ちた本が講演会の会場などに来ると、売ってくださる方も、この本は何か元気が出るような気がするというので、「この本はよい本だからどうぞ」と薦めてくれたりします。

そうすると、売ってくださる方にも「ありがとうございます」と感謝です。

そこにもうひとつ感謝の対象になる方がいます。それは、買ってくださる方。

買ってくださる方にも「ありがとうございます」と感謝です。

本を作ってくださる方にも、ありがとうございます。

本を売ってくださる方にも、ありがとうございます。

本を買ってくださる方にも、ありがとうございます。

このように、私の本に携わっている人、全員に感謝をしていると、本が飛ぶように売れます。

以前出した本では、最初の1行目からいきなり誤植をしていたことがありました。ほかにも数ヶ所、誤植があったりして、完成度の高い本ではありませんでした。でも、ものすごく売れるのです。

どういうことかといいますと、売れるか売れないかは、技術的なことではないらしい。

仮によい本を作っても、著者と編集者がやりあったり、罵倒しあったり、悪口雑言しあったりしていると、この本にも嫌気がさしてきます。この本自体がげんなりして、活気がなくなるので売れなくなるのです。本だけでなく、私がプロデュースして作っているSKP商品でも同じことです。

どんな商品であれ、仕入れた品がどういう状態でそこに来たか――その過程において悪口雑言、罵詈雑言《ばりぞうごん》があったか、あるいは笑顔で作られてそこへ来たか――はわかりません。

その商品が、3日後に売れていく間に、店員と店長と経営者との間で悪口雑言、罵詈雑言が飛び交ったものについては、仮にその商品自体がかなりよいものであっても、売れなくなる可能性が高まります。

逆に、仕入れたものが悪口雑言の中で作られたものであっても、仕入れてから売れるまでの3日間、みんながニコニコして、楽しく、幸せで、感謝に満ち、「ありがとう」の言葉が飛び交っていると、そこに置かれている商品は〝ありがとうバージョン〟に変わるかもしれません。そのような、「ありがとう」に満ちたものは売れるのではないでしょうか。

ノルマを課すよりも効果があるひと言

同じことですが、課長や部長などの上司が、部下にノルマを課しているとします。「なんで、おまえはノルマを果たさないんだ」とか「なんで、おまえはこんなに数字が悪いんだ」と言っている間は、この部下は数字を上げないでしょう。

怒られている人は、1（ひとり分の力）でしか戦えないのです。怒られている人は、必ず1でしかありません。怒っている人も1です。超能力とか、あるいは神さま・仏さまの力を借りることはできません。

人間の力で考えられる数の概念は、一、十、百、千、万、億、兆、京、垓《けい》、秭《がい》、穣《し》、溝《じょう》、澗《こう》、正《かん》、載《せい》、極《さい》、恒河沙《ごく》、阿僧祇《ごうがしゃ》、那由他《あそうぎ》、不可思議《なゆた》、無量大数まであります。


私たちのいる三次元よりひとつ格が上である四次元には、精霊、守護霊という方がおられます（精霊の中で、「私」を一番好きな精霊が守護霊になってくれます）。私たち人間は、ひとりが8時間労働したとしても、最高でも3人分しか働けませんが、この精霊、守護霊という方は、「10の68乗（無量大数）」人分くらいの力を持っているようです。これは、人間が考えられる最高の数値です。

そのさらに一次元上・五次元にいる神さまは、無量大数よりもっと多くの能力があるようですが、私たちは数えることができません。どうも、私たち人間の能力でいうと「10の72乗」人分以上の力を持っているようです。

これがわかってしまうと、「私」が人の3倍努力して必死になり、部下に対して「おまえ、努力が足りないじゃないか。どうして、さぼってんだ」などと攻撃する時間が少しでもあるのだったら、その時間「ありがとうございます」を言った方がよいようです。

実際に、私や私の周りの人は努力もしていないし、頑張ってもいないし、必死になってもいません。ただ私の周りにいる人に対して、ひたすら「ありがとうございます」を言い続けているだけで、作ったものが売れています。

もっと甘えて生きよう

3年でつくれなかったお金が3日で集まった

私の友人に、15年ほど給料で雇われている宿の経営者がいました。その人は、年間の宿泊者を1300人から3900人にまで増やしました。ものすごく一生懸命に宿泊者をもてなし、3倍にも宿泊者を増やしたのですが、給料は前と変わりませんでした。

このままにしておくと、だんだんやる気がなくなって、今度はお客さんが減っていくかもしれません。私は、彼の宿の経営手腕を埋もれさせるのはもったいないないと思いました。

そこで「独立をしたらどうですか」と提案しました。しかし、彼は「自己資金が全然ないので、独立できない」と言いました。

私は「自己資金なんていらない」と言い、さらに「お金を出してくれそうな人に、『自分は、これから宿をするのですが、30万円のポケットマネーを出してください』という手紙を書いてみなさい」と話しました。

これは、出資ではありません。寄付です。30万円は、株式会社としての出資ではなくて、友人としての寄付です。そういう意味で、「お金を出してくれそうな友人50人に手紙を出しなさい」と言いました。

「それも、一人一人に書かなくてもいいから、1部書いてそれをコピーして送りなさい」

と、そんな細かいことまで言ってあげました。

しかし、「いや、そんなことはできない。自分の力でやるのが本筋だ」と、彼は私の提案を3年間拒否し続けたのです。

そうして、3年がたちましたが、お金は全然貯まらなかったそうです。

それで、ついに私の言うことを聞き入れて「やってみます」ということになりました。

「もし50人に声をかけて、誰からもイエスと言ってもらえなかったら、どうしよう」と彼が心配するので、私はこう言いました。

「もし、ひとりからも返事が来なかったら、宿をやってもうまくいきません。15年宿をやってきて、その間に何万人ももてなし、信頼関係を築いた人間が50人もいないのであれば、宿をやっても人が来るわけがないじゃないですか」

そうしたら、彼は「ああ、なるほど」と納得しました。

返事が来なかったらやる必要はないし、来たらお金が集まるのだから、というので、彼は50人の友人に手紙を出すことに踏み切りました。

私のところへも来ました。私には、最初に出したようです。自分が言い出した話ですから、断ることができません。もちろん、私もお金を出しました。

手紙にはこう書いてありました。

「10年据え置き、無利子。10年たって、請求があったらお返しします」

たぶん、誰も請求しないと思います。請求がなければ支払わないと文面に書いてあります。それからもう10年くらいたちましたが、私は請求していません。

それで、50人に手紙を書いて、どれくらいの反応があったと思いますか？

答えは、100％です。彼は1500万円を3日で集めました。

自己資金を1年で100万円貯めるとすると、10年で1000万円です。その10年間を自己資金のために必死の思いで働くようなことは、これからはやめた方がいいです。3日で1500万円集めることができるのです。

なぜかというと、人を頼りにすればいいのです。なぜ、自分の力で全部やろうと思うのでしょうか。人を頼りにすればいいではありませんか。

30万円という金額は、微妙な金額です。50万円だと妻に相談しないといけません。50万円、100万円だと簡単に出てくるお金ではありませんが、30万円はポケットマネーでも出てくるお金だと思います。

もちろん、ない人はノーです。ある人は、30万円くらいのポケットマネーは持っているので、この友人が宿をするのだったら出してあげよう、と思う金額なのです。

彼は15年にわたってそのような信頼関係をたくさん築いてきたので、手紙を出した50人全員から返事をもらい、あっという間に1500万円が集まりました。

もっと人を頼りにすればいい

でも、この話はこれでは終わらないのです。その先にもっとすごい話がありま す。

実は、彼のお嫁さんのお父さんが大企業の重役をしていました。この話を聞いて、そのお父さんは、結婚して18年くらいたつ婿さんを、「ほお、すごい奴じゃないか」と見直しました。

そして、こう言いました。

「そんなすごい男だとは知らなかった。8500万円出してやろう」

彼は、友人から集めた1500万円を元手に土地を買って、それを担保にして銀行から借り入れをして建物を建てようという計画でした。

1500万円でやろうと思っていたのに、「8500万円出してやるから」と言われたので合計で1億円になりました。そして、この資金を元にして宿を建てたのです。

このことを、頭の中に入れておいてください。

自分で全部やるというのは、自惚《うぬぼ》れ、驕り、高ぶり、傲慢です。なぜ、人を当てにしないのですか。人を当てにすればいいではないですか。いくら当てにしても、誰からも30万円借りることができないような人だったら、何をやってもダメです。

今、この話を聞いたのであれば、これからは自分で自分の道を切り開くなんていうことはやめましょう。困ったときに自分を支えてくれる人を、いかに増やしていくか、それが人生を楽しいものにしてくれそうです。

15分で会社の設立資金を集める

先日、私はお金が必要なことがあり、15分くらいで4人に電話をして1000万円集めました。

私はSKPというブランドを持っているのですが、このブランド料が増えてきたので、会社をつくらなければいけなくなりました。

でも、私にはお金がないので、4人の人に「出資してくれ」と合計15分ほど電話をしました。それで、15分後には1000万円出してくれる人が決まり、3日後には会社を設立するお金が集まりました。

そして、「株式会社SKP」という会社ができました。

私は1銭も出していません。その方たちがお金を出してくれたのです。その方たちは、私の電話にすぐ反応してくれました。

どういうセリフで電話をしたかといいますと、

「もしもし、○○さんですか。お金は出すけれども、口は出さないという出資者になりませんか」

「いいですよ」

それで終わりです。私は、十数分で1000万円集められることがわかりました。だから、2~3時間かければ、一晩で1億円くらい集められるのではないかと思います(やってみたら全然ダメ、なんてことになるかもしれませんが)。

人を許せば、もっと人に甘えられる

そういう生き方を選ぶと人生が楽になります。どこにお金があるとか、ないとか、倒産するとか考える必要はありません。

私は自分の預貯金は0ですが、私の名前ではない名前であちこちに何億円と預金をしています。ただ、私の名前でないというだけです。ほかの人の名義でたくさん預貯金がしてあるので、必要があったら、ただ電話をすればいい。

私は、社会や人間に対してものすごく甘えて生きていますから、ひとりで頑張るなんて、これっぽっちも考えていません。この21世紀の哲学を身につけると、人生がものすごく楽になります。

世の中には「30万円出してくれ」と言われて、30万円出して返ってこなくてもいいと思う人が100%だった、という例もあるのです。そのような友人をつくることに自分の人生の時間を費やした方が楽しいでしょう。


一生懸命に頑張って、自分で自己資金を貯めるという考えはやめましょう。電話1本したら100万円を出してくれる人が100人いたら、なんと1億円のお金ができます。

なぜ、そのようにしないのですか。なぜ、頑張って、頑張って、頑張って……とするのでしょうか。

それはなぜかというと、自分が他人を許さないからです。甘えさせないからです。甘えさせればいいのです。甘えられるだけ、甘えさせればいい。

私は今、人にお貸ししているお金がありますが、誰にいくら貸しているのか、メモもリストもありません。私も記憶が定かでないので、どこにいくら行っているのかよくわかりませんが、自分が必要なときには必要な金額が集まる、ということで、宇宙の仕組みがよくわかりました。

文化をつくってきた人たち

若い芸術家たちを支援した「新宿中村屋」

東京の新宿に「新宿中村屋」という会社があります。

この会社は、相馬愛蔵《そうまあいぞう》と相馬黒光《こっこう》という人によって創業されました。この2人は、「千一運動」というのを展開していました。これは、「自分の収入の千分の一を、世のため人のために使おうじゃないか」という運動です。

もともと2人は長野県安曇野《あずみの》の出身で、相馬愛蔵は「東穂高禁酒会《ひがしほだか》」という会も主宰していました。この会は「お酒を飲まないでいかに人生を語れるか」をテーマにしたもので、そこに、後年「東洋のロダン」といわれた、当時16歳の荻原碌山《ろくざん》（本名は荻原守衛《もりえ》）が参加していました。

その相馬愛蔵のところへ、横浜のフェリス女学院を出た非常に近代的な女性である星黒光が嫁に来ました。この黒光という名前は、フェリスの先生から「どんなに地味にしていても必ず光っているように見える。黒く塗っていても光って見える」ということから名づけられたものです。

その後、相馬愛蔵と黒光は、古い農家のしきたりにとても耐え切れないということで、東京に出てきました。

何の商売をしようかと考えているときに、東大の門の前に中村屋というパン屋さんがありました。不思議な成り行きで、そこを買い取ることになり、2人でパン屋さんを始めたのです。

その後、新宿に三越ができるときに、「その前に空き地があるから、店を出したらどうか」という話があり、そこに店を出したのが「新宿中村屋」の発祥です。

そうしたところ、開店した第1日目の売り上げが、東大前の中村屋の売り上げを上回ってしまったため、1年ほどで東大前の店を閉め、新宿の店だけにしました。

この相馬愛蔵と黒光は、ロシアからの亡命者である白系ロシア人（赤色革命をしたときに革命を逃れて亡命した人を「白系」と呼びました）のエロシェンコを受け入れていました。エロシェンコは、相馬夫妻にボルシチを教えました。これが、日本でのボルシチの始まりです。

また、この2人は、インドの亡命者・ボースも受け入れていました。そのボースと自分の娘が仲よくなったので、嫁にあげたくらいの仲です。ボースは、亡命者として大変お世話になったので、カリーというインドの民族料理を教えてくれました。これが、日本のカレーライスの発祥です。だから、「新宿中村屋」では、今も「カリー」と呼んでいます。

郵 便 は が き

料金受取人払郵便

新宿北局承認

9134

差出有効期間
2025年 3 月
31日まで
切手を貼らずに
お出しください。

169-8790

174

東京都新宿区
北新宿2-21-1
新宿フロントタワー29F

サンマーク出版愛読者係行

ご 住 所	〒　　　　都道府県	
フリガナ		☎
お 名 前		(　　　)
電子メールアドレス		

ご記入されたご住所、お名前、メールアドレスなどは企画の参考、企画用アンケートの依頼、および商品情報の案内の目的にのみ使用するもので、他の目的では使用いたしません。
尚、下記をご希望の方には無料で郵送いたしますので、□欄に✓印を記入し投函して下さい。
□サンマーク出版発行図書目録

1 お買い求めいただいた本の名。

2 本書をお読みになった感想。

3 お買い求めになった書店名。

市・区・郡　　　　町・村　　　　書店

4 本書をお買い求めになった動機は?

・書店で見て　　・人にすすめられて
・新聞広告を見て(朝日・読売・毎日・日経・その他=　　　)
・雑誌広告を見て(掲載誌=　　　)
・その他(　　　)

ご購読ありがとうございます。今後の出版物の参考とさせていただきますので、上記のアンケートにお答えください。**抽選で毎月10名の方に図書カード(1000円分)をお送りします。**なお、ご記入いただいた個人情報以外のデータは編集資料の他、広告に使用させていただく場合がございます。

5 下記、ご記入お願いします。

ご職業	1 会社員(業種　　)	2 自営業(業種　　)
	3 公務員(職種　　)	4 学生(中・高・高専・大・専門・院)
	5 主婦	6 その他(　　)

性別	男・女	年齢	歳

その後、ヨーロッパから帰国した荻原碌山は新宿にアトリエを建て、そこから中村屋に通い、朝昼晩の3食を食べさせてもらっています。

碌山が彫刻の勉強をしていたときに、周りに彫刻や絵を勉強している人が20人くらい集まり、新宿に芸術村のようなものができていました。その人たちも皆、中村屋で3食を食べさせてもらっていたということです。それで新宿には、そのような若者を養うようなとてもいい雰囲気ができたのです。

相馬愛蔵と黒光については、日本政府や外国政府の意向に逆らって亡命者を受け入れたりするなど、あまりにも時代に先駆けた過激な生き方だったと批判的に言う人もいます。

でも、私はこの人たちの生き方は素敵だと思います。どうやって儲けるかではなく、いかに自分の儲かったものを使うか、いかにその若い芸術家たちを養うか、ということに徹底していたのです。

相馬夫妻は、いくら働いても居候が多いので全然儲からないのですが、一生懸命にそれを続けながら、さらにその中から給料を出していました。

手を差し伸べる精神が引き継がれる

その当時、新宿中村屋に面白い格好をした若い芸術家が出入りしているのを、斜め向かいの炭屋の少年が興味を持って見ていました。

少年はその後、親が亡くなって炭屋を継ぎますが、もうガスも電気も入ってくる時代にこれからは炭は売れないであろうと考えました。

そこで、中村屋に出入りしている若い芸術家たちが展覧会を開くことができるようにと、日本で初めての画廊のある書店をつくることになりました。これが「紀伊國屋」の発祥です。この創立者は、田辺茂一《もいち》という人です。

そして、この田辺茂一氏を中心として、若い芸術家が入り浸る紀伊國屋にサロンがつくられることになりました。こうして、貧しくも才能あふれる若き芸術家たちを支えるという相馬夫妻の温かい思想が受け継がれるのです。

田辺茂一氏が60代のときに、中央大学の法学部在籍中の矢内廣《やないひろし》さんという方が『ぴあ』という雑誌をつくりました。

当時まだ学生だった矢内さんは本の流通のことはよく知らず、創刊号1万部の印刷が出来上がるころになって、書店に新しい本はすぐには置いてもらえないことがわかりました。このままでは6畳間が『ぴあ』で埋もれてしまいます。

そのときに矢内さんは、たまたま雑誌の対談記事で、田辺茂一氏が「我が国の文化を担う本の流通が整っていないので、整備すべき……」というようなことを言っていたのを読みました。

矢内さんは紀伊國屋に電話をしました。

そうしたところ、「今日、社長は休んでいます。そういうことでしたら今は自宅にいますので直接お話しください」と言って自宅の電話番号を教えてくれたそうです。

これは、奇跡だと思います。その自宅の電話番号を教えてくれた方もすごいと思います。

すぐに矢内さんは田辺さんの自宅に電話をして、「このような雑誌をつくりましたが、本屋に置いてもらえません」と話をしました。

田辺社長は趣旨を理解し、銀座教文館の中村社長を紹介してくれました。

矢内さんは早速、中村社長に会って事情を話しました。そして、「どこに置きたいのですか」と聞かれ、新宿、銀座、渋谷、池袋など、都内のおよそ90店の書店名を言ったそうです。

そうしたところ、「3日後にまたいらっしゃい」と言われました。

3日後に訪ねると、「どこどこ書店の店主○○さま」という宛名の封筒と、「この人がこういう事情で雑誌をつくったので置いてあげてくれ」という手紙が90通全部、毛筆で書いてあったそうです。西日を浴びた教文館の階段を降りる矢内さんの足はガクガクと震えたといいます。

その手紙を持って矢内さんが書店を回ったところ、田辺茂一氏と中村社長からの紹介ということで置いてもらえ、そこから『ぴあ』がスタートしました。

新宿中村屋の創立者である相馬愛蔵と黒光は、若き文化人を養っていきました。儲けたお金を自分たちの懐に入れるのではなく、基本的に社会に還元し、困っている人に対していくらでも手を差し伸べようという思想があった人たちでした。

その思想に感応し、感動して、どうしてもそういうものを受け継ぎたいという人が田辺茂一氏でした。この田辺茂一という人も若き芸術家をたくさん育ててきましたが、それだけではなく、本当に困った人に対していつでも手を差し伸べる人でした。

『ぴあ』は、創刊してから40年目の2011年に雑誌の刊行を終えましたが、チケットの販売などの事業を続けています。田辺茂一氏が生きていたころは、同氏とその90の書店の店主さんを招いて、1年に1度お礼の会を開いていたそうです。

すべてがあなたにちょうどいい

「私」がすべてを決めている

お釈迦さまの言葉に、このようなものがあります。

すべてがあなたにちょうどいい。
今のあなたに今の夫がちょうどいい。
今のあなたに今の妻がちょうどいい。
今のあなたに今の子供がちょうどいい。

今のあなたに今の親がちょうどいい。
今のあなたに今の兄弟がちょうどいい。
今のあなたに今の友人がちょうどいい。
今のあなたに今の仕事がちょうどいい。
死ぬ日もあなたにちょうどいい。
すべてがあなたにちょうどいい。

自分の思いどおりにならない社員に対して、ひどく怒ったり、怒鳴りつけたり、威張ったりする社長がいるとします。

そのような社長が、私に「社員が自分の思いどおりにならない。どうして思いどおりに動かないんだろう。どうしたら、自分の思いどおりに動くようになるか」と相談に来ることがあります。

私は、そのような質問を受けたときは、今書いたようなお釈迦さまの〝ちょうどいい〃という言葉の話をします。

「すべてが、ちょうどいいのだそうですよ。自分の思いどおりにならない社員に対して、怒鳴ったり、怒ったり、威張ったりしていませんか」と聞きますと、

「それは、ときにはそうしないといけない」と話されます。

でも、それは違うのです。怒鳴ったり、怒ったり、威張ったりしているのは、自分が偉いと勘違いをしているだけなのです。

そのようなときに、腹を立てたり、怒ったりしない人を人格者といいます。

そして、その人格者である社長、専務に対してちょうどいい、よく仕事をしてくれる社員がついてくれます。

怒鳴ったり、威張ったり、怒ったり、権力を行使したり、すごく強い言葉を使ったり、イライラする人には、そのような人格レベルの社員しか集まってきません。

どんなことに対しても、笑顔で、にこやかに、温かさをもって接することができる人には、そういうレベルの、にこやかで楽しい人が集まってきます。

「私」が、すべてを決めています。すべてが自分にちょうどいいのです。

悪口を言うほど自分を露呈する

「自分の思いどおりにならない社員ばっかりじゃないか。この間もこんなことがあった」

と話される方がいました。

そのときは、私は次のように話しました。

「社長さん、待ってください。その部下がそういうミスをしたのは、事実かもしれません。社長さんが言っていることは、100%正しいかもしれませんが、それについて怒ったり、怒鳴ったり、威張ったりしている、どうしようもない社長があなたなんですよね。どうしようもない社員に対して、そうやって自分の感情をコントロールできない、すぐに怒ったり、怒鳴ったり、権力を行使したりする、どうしようもない社長なんですよね」

これを聞くと、衝撃は大きいようです。

旅先で、30歳くらいのサラリーマンに会うことがあります。

「私は、会社を辞めたいと思っている。それで旅をしている。うちの会社はこうで、専務はこうで、社長はこうで、部長はこうで、嫌になっちゃう」と話す人が、結構います。

そういうとき、私は次のように話します。

「ちょっと待ってください。あなたの言っているその上司や会社は確かにそうかもしれません。100％正しいことを誇張なく言っているのかもしれませんが、あなたはその会社で給料をもらって、それで食べているのですよね。その自分の生活を成り立たせてくれる会社、社長、上司に対して、そういう愚痴や悪口を平気で言えるあなたは、どうしようもない社長、専務、部長と同じような、どうしようもない社員なのではありませんか」

これを聞くとショックみたいですね。でも、これを聞かされて、ハッと気がつ

一生頭がよくなり続けるすごい脳の使い方

加藤俊徳 著

学び直したい大人必読！大人には大人にあった勉強法がある。脳科学に基づく大人の脳の使い方を紹介。一生頭がよくなり続けるすごい脳が手に入ります！

定価＝1540円（10%税込） 978-4-7631-3984-9

やさしさを忘れぬうちに

川口俊和 著

過去に戻れる不思議な喫茶店フニクリフニクラで起こった心温まる四つの奇跡。
ハリウッド映像化！世界320万部ベストセラーの『コーヒーが冷めないうちに』シリーズ第5巻。

定価＝1540円（10%税込） 978-4-7631-4039-5

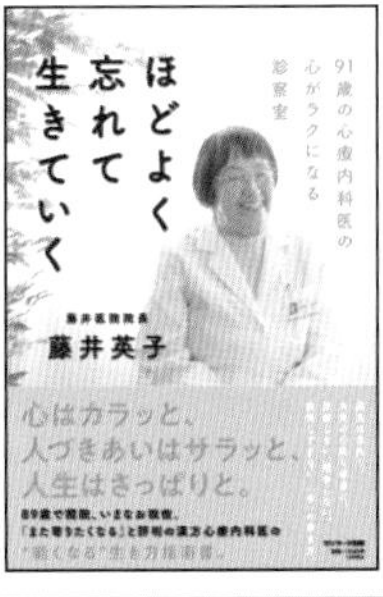

ほどよく忘れて生きていく

藤井英子 著

91歳の現役心療内科医の「言葉のやさしさに癒された」と大評判！
いやなこと、執着、こだわり、誰かへの期待、後悔、過去の栄光…。「忘れる」ことは、「若返る」こと。
心と体をスッと軽くする人生100年時代のさっぱり生き方作法。

定価＝1540円（10%税込） 978-4-7631-4035-7

電子版はサンマーク出版直営

く人がいます。

私は、結婚して二十数年たちますが、妻の悪口を言ったことがありません。本人に向かって、「こうしてほしい」と言うことはありますが、別に喧嘩《けんか》をしたり、強制をするわけではなく、話し合いをするだけです。

なぜかといいますと、私が妻の悪口を言ってしまったら、私はみなさんにこのように言われてしまうからです。

「そのどうしようもない奥さんに対して、ちょうどいい夫なんですよね」

つまり、私が妻の悪口を言えば言うだけ、ちょうどいい夫であることを暴露しているようなものなのです。

逆に、私は妻のよいところをたくさん言うことができますが、「そうなんですか。わあ、素敵な奥さんですね。いい奥さんですね」と言われたときに、その言ってくれた方は心の中でこう思っていると思います。

「そのいい奥さんに対する小林正観さんは、とってもいい夫なんだろうな」

実際にいい夫かどうかは別ですが、人の悪口、会社の悪口を言っているというのは、実は全部自分を暴露していることにほかなりません。

絶対に倒産しない方法

従業員が支えたいと思う会社になる

絶対に倒産しない方法をお教えします。

それは、倒産しそうになったら、自分の会社の従業員が自分の預貯金を持ってきて支えてくれるような会社になることです。

でも、普段からノルマ、ノルマで社員を痛めつけている会社は、絶対に支えてもらえないでしょう。

「喜ばれる存在」というのは、お客さまに喜ばれるだけではなく、自分の一番身近である社員から喜ばれる存在になるというのが第一歩です。そこから始めないと、社員はその会社を支えてはくれません。

日本の経営者というのは、どうも、「お客さまは、神さまだ。お客さまに対して笑顔を向けなさい。やわらかな応対をしなさい」ということは言いますが、社員に対して、やさしく、穏かに、にこやかに接する社長は、多くないようです。社員を痛めつけるだけ痛めつけて、その向こうにいるお客さまに笑顔を出せというのは、無理でしょう。

この話をすると、「ノルマは定めない方がいいのですか」という質問をされることがあります。

「当たり前じゃないですか」というのが私の答えです。ノルマなんて、早急にやめた方がいいです。

「明日、やめた方がいい」と言ったら、本当に次の日にやめた社長もいます。その会社は、年間の売り上げが40億円でしたが、不況の真っただ中にもかかわらず、ノルマをやめた半年後には80億円になりました。

私がその会社に行くと、「お菓子をどうぞ。コーヒーをどうぞ。果物をどうぞ」と、ありとあらゆるものを持ってきてくれます。私がこの会社に行くと、社長や専務が喜ぶというよりは、社員の方が温かいおもてなしをしてくれます。

お茶を飲みながら聞きました。

「なぜ、こんなにも私によくしてくれるのですか」

そうしたら、みんなからこのような答えが返ってきました。

「小林さんが来てくれたあとは、社長も専務もとてもやさしい人になるのです」

でも、2週間くらいしか持たないそうです。(笑)

社員に対してひどい仕打ちをしながら、外の人やお客さんに対して笑顔を見せろと言う社長さんが多いようですが、これは違うと思います。

会社が倒産しそうになったら、社員が自分のお金を出してまでも支えたいと思えるような会社が最良でしょう。

そのように、温かく、思いやりがあり、やりがいに満ちていて、「こんないい思いはこの会社でしかできないよね」というような状態にしておいたら、そこの社員はものすごく働くのではないでしょうか。だって、そんなにいい思いをしているのに、会社が倒産したら、ほかのもっと厳しいところへ行かないといけませんから。

そして、やさしい社長のもとには、とてもよく働く社員が育ちます。やさしくない社長のもとには、しょうがなしに働く社員ばかりが集まります。

社長や専務などの、人の上に立っている人が「やさしい」ということは、その自分の強い力を誇示したり押しつけないこと、怒鳴ったり威張ったりしないこと、そのような強い力を行使しないこと、という意味です。

みんなが「モチベーション」を持てる会社

絶対に倒産をしない方法をもうひとつ書きます。

アメリカのある航空会社は、社員に対する待遇がとてもよいと聞きました。

儲かったお金をなるべく社員にボーナスとして還元し、給与体系、休日、福利厚生についても手厚く、社員がとても居心地がいいと言っているそうです。

あるとき、たくさん儲かったのでボーナスが多く出ました。そうしたら、従業員がお金を出し合って飛行機を1機買い、「フレンドシップ号」と名付けて会社に寄贈したそうです。

その200億円くらいのジャンボジェット機が、会社はコストなしで手に入ったのです。コストがかかっていないわけですから、ものすごく儲かりました。

その儲かったお金をどうしたかといいますと、それをまたボーナスに回したそうです。そして、従業員たちは、また2機目を買おうかと考えているのだとか。

こういう社員がたくさんいたら、この会社は倒産することはないと思います。一番身近なサポーターは社員でしょう。

なぜ、何年も生活の面倒をみてきた人を痛めつけてしまうのでしょうか。私はとても不思議に思います。

なぜ、一人一人を味方にしていかないのだろうか。この人たちが味方になって、この会社を潰したくないと思ったら、必ず一生懸命に働くようになるでしょう。

これを「モチベーション」といいます。「モチベーション」というのは、やる気にさせること・動機づけという意味です。また、「モチーフ」というのは動機、「モチベイト」というのはやる気にさせるという意味です。

ノルマをつくってやる気にさせようというのは、まったく間違っています。ノルマを課せられてもやる気にはなりません。

私は社員の方ともよく話をしますので、社員側の意見もよく聞きます。

例えば、ノルマとして年間10億円の売り上げを与えられたとすると、この10億円を達成したら、もうやる気がなくなるようです。10億円を達成したら、次のような話になるそうです。

「売り上げをもっと上に上げてしまったらおしまいだ。社長からもっときついノルマを達成しろと言われるだけだ。もう売り上げを上げるのはやめよう」

だから、10億円を達成したら、10億2000万円とか10億2000万円でやめておこうという話になるらしいです。

ところが、ノルマをやめた会社は、40億円の売り上げが80億円になったりします。これはノルマがないからです。自分たちが楽しくてしょうがないからやっていたら、結果として80億円になってしまいました。

企業の経営者やトップにいる人にとっての一番楽しい仕事は、「社員をいかにモチベイトするか」ということではないでしょうか。

徳川家康の座右の銘

人の恩を忘れなかった家康

徳川家康が座右の銘にしていた言葉に「水はよく舟を浮かべ、水はよくまた舟を覆す」というのがあります。水は上手に舟を浮かべるけれども、また、その気になったらいつでも舟を転覆させることができるという意味です。

家康は、決して威張らない殿さまでした。家臣たちの上に自分がのっていることを強く認識している人だったので、家臣を大事にし、突撃命令を出して犬死にさせるようなことはしませんでした。

家康の生き方というのは、関ヶ原の戦い、大坂夏の陣・冬の陣というものだけを見ると、非常に策士で策略家で、頭がよく、それによって相手を陥れた、というふうに受けとめられる部分もあります。

しかし、その生き方を調べてみると、家臣を大事にすることにより、家臣の上にのっかって生きていたということが鮮明に浮かび上がってきます。

家康は6歳のときに、今川義元の人質になりました。12年間人質になり、今川義元が織田信長に滅ぼされて、18歳のときにやっと解放されて帰ってきました。

岡崎城に帰ったとき、家臣たちは土を耕して農民のような生活をしていました。

そして、殿が帰ってきたということで、みんなが集まりました。

家臣たちは、「もしかすると18歳になってわがままな殿さまになっているかもしれない。そうだったら嫌だ。もし、12年間我が城を顧みることなく、いまさらノコノコと顔を出してなんだと怒られたり、腹を切れと言われたら、三河の藩士をやめて農民に戻ることにしよう」と言いながら集まってきました。

大広間にいっぱいの家臣が集まったとき、家康（そのときは、松平竹千代《まつだいらたけちよ》といっていましたが）は次のように言いました。

「皆の者、よく帰ってきてくれた。私は、皆の恩を一生忘れない。これからよろしく頼む」

そして頭を下げて、一人一人に酒をついで回ったのです。「12年間城を捨てていたとは何事だ」などと言わなかったのです。

家康は、12年ぶりに帰ってきたときに、家臣に向かって頭を下げるような殿さまになっていました。人質の間は、毎日、今川義元にいつ殺されるかわからない状態で生きており、その間に、周りの人すべてに好かれるような、媚《こ》びない、威張らない、偉そうにしない、というような人格ができたのです。

その12年の間に禅宗のお坊さんから教わった言葉に、「水はよく舟を浮かべ、水はよくまた舟を覆す」というものがありました。

家臣を大切にしない殿さまというのは、必ずひっくり返されるのです。それを座右の銘にしていた家康は、帰ってからも威張ったり、怒ったり、怒鳴ったりしませんでした。そのときに、徳川の家臣団は、この殿のために命をかけようと結束したのです。殿さまの命令で結束したのではありません。江戸幕府を264年支えた三河の武士団は、このときに始まりました。

家康は、織田・豊臣連合軍に対してさえ、戦をして勝っているのです。家康は生涯の中で一度しか負けたことがありません。それは、武田信玄に負けた戦いでした。

武田信玄から人の使い方を学ぶ

私は、武田信玄には天下を取らせてみたかったという思いがあります。なぜ信玄に興味を持っているかというと、信州には「信玄の隠し湯」というのがあるのです。

例えば、武田軍が1万5千人いて、戦いのときに5千人が傷つくとします。でも、3ヵ月後には、また1万5千人になって戻ってくるのです。

周りの人たちは、武田軍は化け物だと恐れました。5千人傷ついて5千人減ったはずなのに、また半年後には復活しているのです。

実は、信玄は「隠し湯」といって公表をしていない温泉をたくさん持っていて、そこで傷ついた人を療養させていました。それで、傷が早く治ってまた軍隊に復帰できたのです。

このように、傷ついた人を使い捨てにしないで、そこでゆっくり療養をさせて傷を治したというのは、すごい思想だと思います。だから、天下を取らせたら面白かっただろうと思いました。

家康は、信玄と戦って大惨敗をしました。その松平竹千代に対して忠誠を誓った三河の武士団はかなり結束が固かったのですが、信玄の軍隊は、ものすごくキビキビと動きました。本当に自分の手足のように動いたそうです。

なぜこのように手足のように動くのかと、家康は不思議に思ったそうです。家康から見ると、信玄は「戦いの神」でした。

家康は、三方ヶ原《みかたがはら》の戦いで惨敗をして岡崎に逃げ帰りますが、武田軍は追ってきませんでした。そのとき、信玄は病に伏せっていたのです。もし追ってきたら、徳川家康はそこで戦死し、岡崎城は落ちていたことでしょう。

それから1ヵ月ほどして、信玄は今の阿智村というところで亡くなりました。

信玄は亡くなるときに、息子の勝頼に「3年間自分の死を伏せろ」と言いました（これが、黒澤明の「影武者《かげむしや》」という映画になりました）。

その後、勝頼は織田・徳川軍に大敗し、武田家は滅亡。家康は、滅亡した武田軍の遺臣たちのほとんどを引き取りました。

なぜかというと、信玄はどうやって人を使ったのかを、彼らから聞くためでした。信玄は家臣にどのように接したのか、戦法・戦略をどのように組み立てたのか、部隊の司令官とはどのようなコミュニケーションをとっていたのか、日常生活はどうだったのか——そのようなことを事細かに聞きました。

大久保長安《ながやす》という人は、家康の下で佐渡金山奉行、伊豆の代官、伊豆金山の金山奉行をしました。大久保長安は信玄の遺臣で山師だったのです。

この大久保長安を家康が金山の奉行にしてから、金の生産量が飛躍的に上がりました。このように、家康は人の使い方を信玄から学んだ人でした。

家康が天下を取ったのは、それはそれで歴史的に興味深いことですが、大惨敗した相手の家臣をみんな引き取って、一人一人を味方にするというような人の使い方は、面白いというほかはありません。

織田・豊臣連合軍を打ち破ったあとも、家康はその勢いで京にのぼろうとは思わないのです。いずれこの人たちとは何かしなくてはいけないときが来るけれど、時をずっと待っていれば、自分が天下を取るときがやってくるという考え方でした。織田家が滅びるのを待ち、豊臣家が滅びるのを待つということをしていました。

その結果として、いたずらに自分の家臣を殺さないという方法をとってきたので、三河の武士団は結束して家康や幕府を支えることになりました。

すべては「お蔭さま」で成り立っている

「水はよく舟を浮かべ、水はよくまた舟を覆す」

要するに、家康は自分が政治を行っているのではないし、殿さまとして君臨しているのではないと思っていたようです。その「水たち」が、ちょっとでも覆そうと思えば、1隻の舟など簡単に覆すことができることを知っているから、家臣を大事にしたのでしょう。

自分の力で商売をやっていると思っている人は、どこかで必ずひっくり返されます。神さま、「お蔭さま」は、驕り、高ぶり、自惚れ、傲慢さが嫌いなのです。この方たちが一番好きな概念は「謙虚さ」というものです。

結局、対人間ということも、会社を経営することも一緒です。全部、自分がやっているのではなくて、「お蔭さま」でできていることがわかってしまうと、商売のコツがわかるでしょう。

すべて、「お蔭さま」です。みなさんのお蔭で成り立っています。自分がどんなにいい物を作っても、買ってくださる人がいなかったら売れません。「こんなにいい物を作ったのに、どうして売れないんだ」と言う人がいますが、それは買う人がいないからです。

講演会で絶対に必要なものを知っていますか。講演する人でしょうか。講演する人は来ればいいのです。聞いてくれる人がいないと講演会は成り立ちません。講演会というのは、講演している人がやっているのではなくて、聞きに来てくださる方がいて初めて成り立ちます。

これと同じことですが、商売も仕事も、人生の生き方も全部そうです。どうも、私たちは自分の力で生きているのではないみたいです。

1万円札が10億1万円に変わる方法

心が豊かに楽しくなるお札の入れ方

1万円札を10億1万円札にする方法、千円札を1千万1千円札にする方法があります。

1万円札の右上と左上には「10000」という数字が書いてありますが、その10000をつなげて折ると、1000010000（10億1万）円となります。同じように、千円札は10001000（1千万1千）円となります。

金貨や銀貨というものは、もともと金貨には金そのものの価値があり、銀貨にも銀そのものの価値があり、それらの金属的なきちんとした価値があって成り立っているものでした。ですから、本来の貨幣というのは、金貨や銀貨のようなコインであるべきなのですが、私たちは、生まれたときからお札をお金だと認識しています。

でも、お札は単なる紙で、紙自体の価値は1円もないと思います。

では、どうしてこのようなお札が流通しているかというと、人間の概念の中で、お札を「価値あるもの」と認識しているからです。この紙自体に価値があるのではなく、観念の中で価値づけしているのです。

それならば、私たちは、この折り曲げた1万円札を10億1万円札、千円札を1千万1千円札と認識すればいいではありませんか。お札の場合はもともと、認識だけの問題ですから。

面白がって、この10億1万円札と1千万1千円札を財布に入れていると思うと、心が豊かで楽しくなります。心が豊かで楽しい人は、外から見るとオーラが出ています。だって、ものすごい〝お金〟を持っているわけですから。ただ、使うことはできませんが……。

財布に巨額のお金を入れていると言い聞かせていると、お札も勘違いをするかもしれません。この財布も、ものすごくたくさんのお金を入れる財布だと勘違いして、「君たちは仲間をたくさん呼ばないといけないよ」と言い聞かせているかもしれません。

実際に、この折り方を教えてあげた翌日に臨時収入が8万円入って、その翌日には7万円が入り、2日間で15万円の臨時収入があった主婦がいました。その方はその情報を教えてくれた方の息子さんと自分の息子さんを連れて、あまりはやっていない洞爺湖《とうやこ》の温泉に行ってお金を使ってきたそうです。

「面白がってする」のが絶対条件

このお札の折り方は、北海道のある獣医さんが教えてくれたのです。この方も私の唯物論にとても興味を持っていて、実証的な現象が起きない限り、どんな現象も信じないそうです。

その方が、このような話を聞き込んで人に教えてあげたら効果が出たので、と私に教えてくれました。

そのときに教わったのは、「千円札は、0が並ぶように折ると100万円です。1万円札は、1億円になります」という話でした。

その話は「千円札は1千万1千円、1万円は10億1万円になりますね」と発展しました。

5千円札にも、折り方があります。

5千円札の真ん中には「五千円」という文字が書いてありますが、この左右に日輪がオレンジ色と紫色に2つに分かれています。日輪が2つに分断されているのは、どうも力が足りないということで、オレンジ色のところを外に折り、その折ったものを紫色のところへ持っていきます。そして、日輪を完成させます。

日輪が完成したということは、日輪（太陽）である天照大神《あまてらすおおみかみ》を味方にしたといえるかもしれません。

日本の最高の神さまである天照大神は太陽神でもあるので、毎日「ありがとう」を言っていれば、日本円を呼んでくれるだけでなく、世界中のお金を味方に呼び寄せてくれるのではないでしょうか。

この3種類の折り方を覚えて財布に入れておけば、楽しいことが起きるみたいだということがわかってきました。なぜかはわかりませんが、実際にそのような現象が起きているので、みなさんにもお勧めします。

今まで、私はトイレ掃除の話を5年、ありがとうの話（ありがとうをたくさん言っていると奇跡的なことが起きるという話）を4年ほどしています。何気ないこのような小さな情報も、3年、5年たつと大きな広がりを持つことがあります。この日輪の話も広がっていくでしょう。これを入れておくとお金が入ってくると思います。

ただし、どうしてもお金が欲しいという執着があると入りません。

絶対的な条件は、「面白がってする」ことです。お金が欲しくて、欲しくてと思っている人には入りません。それでは宇宙とまったくつながらないし、神さまともつながらないようです。

まずは、楽しい「一人勝ち」をする

「楽しくて仕方がない」自分になる

私はトラベルライターです。それから音楽のCDを出している歌手、そしてコンセプターという、コンセプトを考える人間でもあります。

2001年からデザイナーとしてデザインもしています。

SKPという私のブランドも持っています。ちゃんと商標登録しました。冗談なのですが、本気になって冗談を楽しんでいるのです。

私が作った財布には、「たくさんの仲間を呼んでくれてありがとう　おはようおかえり」と書いてあります。お札を入れるところにも「ありがとう」の文字がびっしりと書いてあります。「たくさんの仲間を呼んでくれてありがとう」と書いてあるので、本当にたくさんの仲間を呼んでくれます。

バブルが崩壊してから、年間に3000個売れる財布はほとんどないそうですが、この財布は発売してから2ヵ月で4000個売れました。普通、このような財布は原宿で売ると2万5000円くらいするのですが、6800円（編集注：現在は1万1000円）で売っています。札入れは、3万円くらいするのを7800円（現在は1万2000円）で売っています。

私の関連の商品は、ものすごくいいものをものすごく安く売るというのがコンセプトです。

今、日本は不況と言われていますが、私の周りには不況がありません。出すものの出すものが飛ぶように売れています。

私のデザインしたハンカチがあります。1枚に「ありがとう」の文字がびっしりと3280個書いてあります。同じ生地のもの（「ありがとう」のプリントがないもの）をデパートで売ると1200円だそうですが、それを500円（現在は800円）で売っています。

売値の7割くらいが原価で、残りの3割をメーカーとお店で折半していますが、これは金銭の問題ではなくて、このハンカチを作っているとうれしくて楽しいからやっているのです。

生地に使用しているローンというのは、中程度の絹糸よりももっと高い、高級な綿糸だそうです。1枚に書かれている3280個の文字は、世界で最も小さいプリント文字のようです（しかし、これが発売されてから2ヵ月後に作られたTシャツは、もっと小さい文字で「ありがとう」がプリントされています）。縫製もプリントも超一流の会社がやっています。基本的には儲けることが目的ではなく、面白がってやっているので、本当は1200円で売るべきところを500円で売っています。

しかも、私がデザインしたのですが、「ありがとう」が書いてあるだけです。
まさかこんなものがたくさん売れるとは思いませんでした。

何を言いたいかというと、世の中は不況で、物が売れないと言われていますが、
私の周りで作られているグッズは、全部ことごとく売れていくということ。
ですから、みんなで全体を底上げしようという考え方はやめましょう。
まず、一人勝ちをすることです。面白がって喜んで、「自分が楽しくて楽しくてしょうがないからやっている」という「私」をつくり上げることです。

「どうしたら喜んでもらえるか」だけを考える

例えば、その人を中心として、その宿がものすごくはやったら、その宿に納入する業者もどんどん潤ってきます。その宿に野菜を売る人も潤います。
だから、自分の宿に人が来るようになったときに、自分のところにお金を貯め

込むのではなくて、その儲かったお金を周りの人に全部、どんどんまいていくような生き方をするというのが一人勝ちの思想です。ひとりで貯め込めと言っているのではありません。

まず、一人勝ちをしないとダメなのです。勝ち負けというのは、誰かと競えと言っているのではなく、自分がとにかくパワフルに楽しくやっていくということです。

愚痴や泣き言を言ったり、「社会全体、地域全体が落ち込んでいる」という一言でも言う暇があったら、いかに自分が喜ばれる存在になるかを考えること。「どうしたら人が来るか」「どうしたら売り上げが上がるか」を考えるのはいっさいやめる。そして、「どうしたら喜んでもらえるか」、それだけを考える。

地域全体がどうなるかという話ではありません。「私」のところがどれほど喜んでもらえるか、だけです。

それで、どんどん売り上げが上がって自分のところに利益が蓄えられたら、今度はそのお金を地域の人にどんどん流してあげる。その影響でお金が上から下へ流れるようにするわけです。

地域全体で協議をして、「みんなで何かをしましょう」というようなところは、なかなか浮上しないでしょう。

今、この話を聞いた人が、それぞれ自分が好き勝手に自分で一人勝ちを始めたら、その地域はあっという間に活性化することでしょう。

「地域全体で協議をしてやりましょう」ということになると、必ずそれに対して有利な人と不利な人が出てきますので、協議しているだけで何年もかかります。

先日、ある市の活性化委員会というところから講演に招かれて、「町を活性化するためにはどうすればいいか」をテーマにして話してくれと言われました。

その町は、夜の7時になると、駅前の商店街200mの左右の店が閉まって、ゴーストタウンのようになります。

最近、町はずれ（中心から2㎞くらい離れたところ）にコンビニエンスストアができたそうです。その店は開店してから1ヵ月で、全国で2700軒ほどあるそのチェーン店の中で売り上げがナンバーワンになりました。

そのような事実がわかっているにもかかわらず、その委員会の人たちは「どうしたらこの商店街は活性化するか」と悩んでいます。

商店街を見ると、夜7時には全部閉まってゴーストタウンのよう。しかし、そのコンビニエンスストアは24時間やっています。

なぜ、もっと営業時間を長くしないのでしょうか。世の中は、もう夜7時に店じまいをするという時代ではありません。夜8時、9時になって、ようやく家から出てくるような人もいるくらいです。

夜に店を開けておいても人が来ないというのであれば、例えば喫茶店が1店でもいいから、夜12時までやってみるといいのです。そうすると、その喫茶店に人が来るようになります。そして、そこが活性化していくと、その左右の文房具店にも人が来るようになるかもしれません。

結局、一人勝ちする人がいない限り、その商店街は復活しません。「商店街全体で、夜8時とか9時にしよう」というのは、その協議だけで10年かかります。「どうせ、客なんて来ないじゃないか」とか、「うちは、8時から家族全員で水戸黄門を見たい」とか、そういうことになったら、乗り上げる暗礁は大きいものになります。

だから、ほかの人はともかくとして、自分だけやってみてはどうでしょう。もし、「夜7時に商店街を閉めることにしよう」ということになっているのであれば、とりあえずその申し合わせはなしにする。

つまり、町おこし、村おこしで必ずしも成功しないのは、全体協議ということを常にやっているからです。

それは、実例を見ていない——木を見て森を見ていないからわからないのです。ありとあらゆる事例を見ていると、とにかく一人勝ちする〝変わった人〟がいないと、町おこし、村おこしは成功しません。

喜ばれるように考えていくと、どんな商売でも、世の中が不景気であっても、関係ありません。地域経済の地盤沈下も関係ありません。「私」の問題です。実際に滅茶苦茶に売れているグループがいるのです。

地域活性はひとりの「変な人」から

ある喫茶店の経営者が、講演会が終わって私のところへ来ました。そして、このように言いました。

「小林さんの言うように喜ばれるようにやってきたのですが、売り上げが全然上がりません。どうしてでしょうか」

私の答えは、「それは、喜ばれていないのでしょう」というものでした。ものすごく簡単なことです。本人が勘違いをしているだけです。本当に喜ばれていたら、売り上げがついてくるでしょう。

ただ、私は売り上げが右肩上がりに上がることが、いいことだとは思っていません。

でも、喜ばれていたら、数字が必ずついてきます。ついてこない方がおかしい。

世の中は不況といわれていますが、１２００兆円のお金が日本列島に預貯金されている。ただ、動かなくなっているだけです。

動かないのはなぜか。

楽しくないからです。お金を使いたくなるような楽しさがないからでしょう。

喜んでもらえばよいのです。

世の中には、不況なのに一人勝ちしている人が山ほどいます。

このような話をしたあとの2次会で、年商が10億円くらいの会社を経営している50歳くらいの方が私の隣に座ってこう言いました。

「２００５年に日本の経済が今よりもすごく悪くなる、という予言をした経済学者がいます。２００５年には、日本の経済は本当にすごく悪くなるのでしょうか。

小林さんの予想はどうですか」

「何を聞いていたのですか」と私は苦笑しながら言いました。

２００５年の日本の景気は「あなた」には関係ありません。

私が話しているのは、「一人勝ちしましょう」という話。世の中の景気がよいか悪いかということに関心を持つ必要はないと思います。

今から自分が喜ばれるように自分の商売や仕事を組み立てていれば、2005年はただ楽しいだけです。

「世の中がどうなっても『私』には関係ない」という、よい意味での極端な個人主義になった方がいいと思います。

もし、本当に地域の活性化、町おこし、村おこしをやりたいのであれば、まず自分が一人勝ちすること。

一人勝ちしている自分がなくて、周りを活性化しようとするのはおこがましい。全体の地盤底上げは、誰にもできません。ただひとり〝変な人〟がいることで初めて、その地域経済は活性化するのです。

世界一のおもてなしホテルの教え

人気投票ナンバーワンの秘密とは

2001年の1月6日から6泊で、タイ・シンガポールに34人で行ってきました。4日間がタイで、2日間がシンガポールでした。

バンコクに、ザ・オリエンタル・バンコク（編集注：現在はマンダリン・オリエンタル）というホテル（通称オリエンタルホテル）があります。このホテルは世界のビジネスマンの人気投票で、何年も連続で世界ナンバーワンになっています。

いったい、何がその人気の秘密なのでしょうか。

私は以前、本の中で「このホテルは、従業員が明るく楽しくやっていて、従業員を大事にしているところだ」ということを書きました。

それを読んだ方が「ぜひ行ってみたい」と言うものですから、行きましょう、ということになりました。

オリエンタルホテルは世界でナンバーワンということで、世界中から講演依頼が年に数万件あるそうですが、対応しきれないので全部お断りしているそうです。

当時オリエンタルホテルの営業本部長は日本人の方でしたが、この方が日本に来たときに、帝国ホテルに2泊3日の予定で泊まっていました。

30分刻みで人に会っていたところ、ひとりだけキャンセルがあったそうです。そのときに我々のツアーを主催している米須さんが、たまたまその方が来ていることをキャッチしました。そして、帝国ホテルに電話をしたところ「30分空いたから来ますか」と言われ、面会することができて、私の本も手渡してきたそうです。

そして、オリエンタルホテルに泊まったときには向こう側のお話を聞くことができるという約束を取りつけて、私たちは旅に出かけることになりました。普段はいくら申し込んでも忙しくて全然説明してくれないそうですから、私たちのグループは大変に幸運だったといえます。

オリエンタルホテルには2泊しましたが、宿泊中にさまざまな素晴らしいサービスを受けました。

例えば、ある人が洗濯を頼みました。翌朝、洗濯物が袋に入って戻ってきたときに、その上にはさり気なく蘭《らん》の花が置かれていました。

行ったのは冬ですが、熱帯地方なので気温が30度くらいあります。クーラーがずっとかかっていて、室温が22度くらいに設定されていましたが、寒すぎるからと、27〜28度にした人がいました。朝、出ていくときにそれを切らないでいたら、帰ってきたときには27〜28度の設定になっていたそうです。

ホテルには、枕が2つあります。でも2つだと高いと思う人もいます。高い枕はダメだということで、バスタオルを8つ折りにして、2㎝くらいの高さにして寝た人がいました。そして、朝出かけて夕方帰ってきたら、その2つの枕がなくなっていて、ひとつだけ枕がありました。しかも、それは高さが2㎝くらいの低いもので、さらにバスタオルが8つ折りにして置いてあったそうです。そして、バスタオルと枕の上には蘭の花が置いてありました。

エレベータボーイは、私たちが帰ってくると、すぐに6階だとかボタンを押してくれます。この人は6階に泊まっている人だ、と覚えてくれているのです。

このようなことが、34人×2日分で合計68泊分、情報が収集できました。とにかく、ありとあらゆるところに、個人個人をいかに大事にするかという思想がありました。

とても居心地のよい宿でした。世界でナンバーワンであるのも、頷《うなず》けました。

1泊は230ドルといいますから、日本円で3万円弱くらいです。タイの物価を考えるとすごく高い価格です。タイの月収は4000バーツ（約1万2000円）くらいですから、月収の2・5倍くらいがホテルの1泊分になります。これは、日本の平均月収が30万円とすると、75万円くらいのホテルに泊まっていることに相当します。このように、ものすごい値段の高いホテルですが、お客さんはひきも切らず来ています。

ホテルの方と対談してお話を聞くことができました。

「質問がある方はいますか」と言われて、ほとんど私が質問をしました。

当時の総支配人は、ミスター・カートという人でドイツ人でした。私が行ったときは、63歳で30年間総支配人をしているとのことでした。そうすると、33歳のときから総支配人をしていることになります。

経営しているのは、イギリスの資本で香港に本社のある貿易商社だそうです。その貿易商社が30年前に買い取ったのですが、その前からミスター・カートはそのホテルの総支配人でした。

営業会議だというと、ミスター・カートは顔を出し、厨房《ちゅうぼう》の料理の会議でもどんな小さな会議でも、自分が議長をして取り仕切っているそうです。

よくも悪くも独裁者のようです。彼がいなくなったら、この雰囲気はなくなるだろうということでした。

私が「彼の宗教心はどのようなものですか」と質問をしました。彼の宗教はわからないけれども、ドイツ人だからクリスチャンだろうということです。奥さんは、タイで知り合ったタイ人だそうです。タイの人の90％は仏教徒ですから、奥さんは敬虔《けいけん》なる仏教徒だと思います。

そのクリスチャンである彼と、仏教徒である奥さんが出会って結婚した結果として、人のもてなし方というものが、ある結論に到達したのだと思います。

たぶん、この2人の家庭生活がオリエンタルホテルをつくったのだと思います。人をどうもてなすかという、この2人の個人の家庭状況が、全部でおよそ400室あるオリエンタルホテルに行き渡るようになったのでしょう。

3泊目に近くのパタヤビーチに泊まったのですが、ここは全室に果物があって、全館に花が満ちあふれていて、従業員みんながニコニコして手を合わせていました。タイで手を合わせるというのは、目上の人、尊敬する人に敬意を表すという習慣です。

そのあとに、チェンマイにあるチェンマイプラザホテルに1泊しましたが、ここでも室内には果物が置いてあって、何かを頼むとみんな笑顔でやってくれました。

タイ全体でホテルのレベルが高いのです。たぶん、オリエンタルホテルがあまりにも評判がいいので、その近辺のパタヤだとかチェンマイの総支配人が、オリエンタルホテルを見に行っているのだと思います。

どうして世界一なのか——それを見聞きしていった結果として、タイ全体のホテルのレベルがものすごく高くなったのです。その出発点は、おそらくミスター・カートの家庭生活にあるのでしょう。

人をどうするかより、自分がどう生きるか

これでわかったことは、「豊かなコミュニティ、人々が笑顔で暮らしている集団があるとすると、その集団がなんとなく形成されていることはない」ということです。その笑顔で生きている集団をずっと突き詰めていくと、必ず中心になっている人がいるということがわかりました。

つまり、「タイ全体のホテルをレベルアップしましょう」と誰かが言ってもダメなのです。それによってタイ全体がレベルアップすることはありません。

自分のホテルを潤わせ、明るさと、にこやかさと、笑顔とでつくり上げた人がいます。そうすると周りに波及します。

何かを直そうとして全体を変えようとしているうちは、たぶん難しいでしょう。「私」が「どう生きるか」です。そうすると、自然にタイ全体がレベルアップするのです。もし、ミスター・カートが奥さんと仲が悪かったら、オリエンタルホ

テルはあのような雰囲気にはならなかったでしょう。

いかにお客さんに喜んでもらえるか、あるいは自分がいかに喜ばれる存在になるかということを2人で考えてきた結果として、ありとあらゆるところにやさしさが満ちあふれる宿になったのではないでしょうか。

トイレ掃除をするとお金が入ってくる

トイレを磨いて蓋をすると臨時収入がある

私は5年ほど前からトイレ掃除の話をしていますが、そのきっかけとなったのは、次のようなことでした。

福岡での講演会のあとで、ある女性が質問をされました。

「私は香港に旅行に行きたいのですが、旅行代金の8万円がなかなか貯まりません。1万円、2万円貯まるとすぐに使ってしまいます。それで、お金がなかなか貯まらないのですが、どうしたら8万円貯めて香港旅行ができるでしょうか」

21歳か22歳くらいの方でしたから、そうなのでしょう。これを聞いてみんな笑いました。

私は、次のような話をしました。


アメリカの大富豪が10年間、10人くらいを世界中に派遣して、3つのテーマについて調べさせました。

ひとつ目は、不老不死の薬、食べ物、方法論があるか。

2つ目は、貧乏人が必ず金持ちになる方法があるか。

3つ目は、金持ちがずっと金持ちでい続けられる方法があるか。


これらについて10年間調査をしたのですが、ひとつ目の不老不死の薬、食べ物、方法論があるかについては、ないという結論になりました。

実は、老化を防ぐ方法はあります。眉と眉の間にしわを寄せなければ、年はとりません。眉と眉の間には18本の神経が通っていて、そこをキュッと刺激されると脳が老化物質を出します。だから、眉と眉の間を刺激しなければ老化しません。

老化物質を出したときに、これを止める方法があります。それは、目じりの下と頬骨との交点を上後ろ45度に押し込むと、痛気持ちいいところがありますが、ここを刺激するのです。

痛気持ちいいところを指で押さえるのもひとつの方法ですが、もうひとつ別の方法があります。それは笑うこと。笑っていると、いつもそこを刺激して、老化物質を止めることができます。だから、必ず眉の間を開けて、口元を上げるようにしましょう。

本当は、このように老化をしない方法があるのですが、その10人は、不老不死の食べ物、薬、方法論はないという結論に達しました。

2つ目と3つ目については、前半生がどうだったかはわかりませんが、今、お金持ちの人には、全員に共通項がありました。

それは何かというと、お金持ちの人の家は、どこも全部トイレの蓋《ふた》が閉まっていたということです。

この話を私はアメリカで聞き知ったので、「本当かどうかわかりませんが」と言って、この女性に話しました。

あとで聞いた話だと、彼女はトイレの蓋を閉め始めて半年後に、8万円くらいの香港旅行の抽選に当たって香港に行ってきたそうです。

「お金を貯める方法はないか」と聞かれたときに、私はこの話をあちこちでしました。そうしたら、みんながやり始めました。それから何ヵ月かたって多くの事例が報告され、その結果として、次のようなことがわかりました。

トイレの蓋を閉めていれば、確かに1ヵ月か2ヵ月で臨時収入がある。ただ、蓋をパタンと閉めれば気持ちがすむのではなくて、閉める前に必ずピカピカに磨いてからでないと蓋が閉められないようになる。

つまり、臨時収入があった人で、蓋だけ閉めている人はいなかったのです。

トイレ掃除をしたことで臨時収入があったと考えられる例をいくつか挙げてみましょう。

＊

ある町で22人の方と食事会があり、そのときに私はトイレ掃除の話をしました。22人のうち11人が主婦でしたが、その話を聞いて、この11人がトイレの蓋を閉めるようになりました。

1ヵ月半後、その11人を含む15人くらいの方と食事会がありました。そうしたところ、トイレの蓋を閉め始めた11人全員に、4万円から30万円の臨時収入があったそうです。

この11人のうちのひとりが、トイレの蓋を閉め、トイレをきれいにすることを1年間ずっとやり続けていました。臨時収入が1回あったので、お金のことはまったく考えずにただひたすらやっていたら慣れてしまって、毎日やらないと気がすまない状態になりました。

自宅だけでなく、デパートに行っても、公民館に行っても、入ったトイレはすべてきれいに掃除していたそうです。

この人はヨガ教室の経営者だったのですが、実は、長い間料金を値上げしてこなかったために経営的に苦しくなり、あと2～3ヵ月でやめなければいけないという状態になっていました。

そんなある日、突然、弁護士を名乗る人から電話がありました。

「○○さんをご存知ですか」と言われました。

「3、4回会って名刺を交換したことはありますが」と話したところ、

「その方が1週間前に亡くなられました」ということでした。

「お通夜にもお葬儀にも出られないで、申し訳ありませんでした」とその方は答えたのですが、その弁護士が言うには、

「そんなことはどうでもいいのです。その方の葬儀が終わり、今日遺言書を開くことになりました。家族立ち会いのもとで遺言書を開いたら、あなたの名前が出てきました。『この人は、世のため人のためにすごくよいことをしている人だから、私の遺産の中から800万円贈ってくれ』と書いてありました。そのような

次第ですので、あなたのところへ800万円がいきます」という話でした。

その人は、この亡くなった方とはまったく親しいつき合いではなく、お通夜も葬儀の連絡もなく、住所録にも載っていないほどの間柄でした。

でも、亡くなった方は、その人がそのようなよいことをしていることをちゃんと知っていて、遺言書の中に書きました。

そして、その連絡が来た日というのが、ちょうど1年前にトイレ掃除を始めた日と同じ日（月日）だったのです。

その方は、「小林さんのお話を聞いたあの日、トイレの蓋を閉めようと決意しました。でも蓋を閉めようとしたら、ピカピカに磨いてからでないと閉められないということに気づき、その日からトイレ掃除を始めたのです。そのちょうど1年後の同じ日に弁護士さんから連絡をいただいたというのは、これはトイレ掃除の結果だ、というメッセージですよね」と言われましたが、そのとおりだと思います。

※

大阪で美容室を4店経営している方が、私の話を聞いて、それぞれの店長、従業員を集めて、「トイレをきれいにして蓋を閉めるように」と話しました。

それから半年くらいたったとき、その方は自分の中に何か引っかかるものを感じていました。売り上げは伸びていたのですが、何かもやもやしたものがあるので、それをたどってみると、その4店の店長と従業員にはトイレ掃除をさせていましたが、自分はトイレ掃除をしていないことに気がつきました。それが自己嫌悪の元だったのです。

その後その方は、毎日4店を回るときに、お店に入ったら必ず最初にトイレに行って、ピカピカに磨いて蓋を閉めることを始めたそうです。

そうしたところ、数ヵ月たって突然に臨時収入が入り始めました。毎月何十万円というお金が入ってきて、累積すると1千数百万円になっているそうです。もちろんそれは、売り上げとか、借金が返ってきているのではなく、まったくの臨時収入の話です。

❋

ある10人くらいの従業員をかかえている印刷会社の社長さんの話です。

どんなに営業をしてもまったく仕事がとれず、売り上げが0の月が3ヵ月ほど続いたときのこと。

その方は、従業員に対してやさしい社長なので、リストラをすることもせず、そのうちに何百万円かの仕事があるのではないかと思ってやってきましたが、ついに会社の預貯金が全部なくなるような事態を迎えました。

社長は、倒産して従業員も解雇しないといけない、そろそろ腹を固めるかというときに、たまたま私の講演会を聞いたのだそうです。

「トイレ掃除をしてトイレの蓋を閉めると臨時収入がある」なんて、そんなバカな話はないだろうと思いつつも、翌日からその社長は（仕事がないので）、朝から晩まで、ひとりでトイレ掃除を始めました。1日に10回くらいはトイレに入ったそうです。

それが10日くらい続いたとき、仕事をしていない10人の社員たちは、「社長、どうもトイレが近いですね。一度入ったら1時間くらい出てきませんね。なんか、おかしい。体の具合が悪いのですか」と聞いてきました。

「実は、小林正観という変な人からこんな話を聞いて、今売り上げが全然ないから、トイレ掃除をしてみようと思ってやっているんだ」と言ったそうです。

そうしたら、従業員たちも「どうせ私たちも仕事がないから」と言ってトイレ掃除を始めました。そして、全員がトイレの蓋を閉めるようになりました。

10人がトイレ掃除を始めると、トイレが空くときがない。しかも、いつ誰が入ってもピカピカだそうです。

社長がトイレ掃除を始めて1ヵ月、社員が参加をし始めて20日くらいたったところから、突然に仕事が舞い込み始めました。

それから次の講演会にも、さらに次の講演会にも、その社長はお見えになりませんでした。

幹事の方がこう言いました。

「その印刷会社の社長が、小林さんにくれぐれもよろしくと言っていましたよ。ものすごく感動して感激して、人生が感謝に満ちている。その感謝の言葉を伝えてくれ、と言われました」

「そんなに感謝しているわりには、2回連続で欠席していますが、ちょっと不思議な感じがします」と私が言うと、

「それが、小林さん、今、その社長は、従業員と午前1時、2時までずっと印刷機を回しているそうです。忙しくて、忙しくて、午後6時から9時くらいの講演会に出てくることができないんです」

という話でした。

それまではいくら営業に行っても仕事がまったくなくて、全員がギブアップして誰も営業に回らなくなったのですが、トイレ掃除を始めてから突然に仕事が舞

い込み始めたそうです。

トイレ掃除をして蓋を閉めると、すごい収入があるようです。現金だけでなく、仕事そのものも増えるようなのです。

※

37歳くらいの絵を描いている女性の方が、私の話を聞いてトイレ掃除を一生懸命にしていました。

半年くらいたったころ、朝出かけるときに小物か何かを入れている引き出しを開けたところ、封筒があったそうです。そのような封筒を置いた覚えがないので、何だろうと思って見ると、中にお札が入っている。数えてみたら1万円札が10枚ありました。

彼女が言うには、

「入れた覚えがない。その証拠に、10万円をどこかに入れ忘れるような経済状態では生きていない。絶対に入れ忘れるようなことはない」

しかも、昨日開けたときはなかったそうです。

考えられることは、2つ。夜のうちに誰かが忍び込んでお金を置いた。もうひとつは、お金がどこからか、湧いてきた。

❋

25歳くらいのアルバイトをしている男性が、トイレ掃除を4ヵ月くらいしていました。この方は、お金が入ってくるということはまったく意識しないで、ただやり続けていたそうです。

あるとき引き出しを開けました。そうしたら、引き出しの中に1万円札が2枚置いてあったそうです。

この方が言うには、

「昨日開けたときにはなかった。それと、今の自分の経済状況からすると、2万円をどこかへ置いておくようなことはあり得ない。もちろん、自分で入れた覚えはない」

考えられることは、2つ。夜のうちに誰かが忍び込んでお金を置いた。もうひとつは、お金がどこからか、湧いてきた。

「小林正観と行くセドナのツアー」というのがあったのですが、このときに32人が参加をしました。その参加者のひとりの話です。

京都にひとりでアパート暮らしをしている方ですが、参加費用はなんとかできたのですが、預金が全部なくなってしまいました。5万円くらいあったら母親にお土産を買ってあげられるが、お金がないから仕方がないと思っていたそうです。

出かける3日ほど前に、3年ほど前に買ったアメリカのガイドブックを引っ張り出して見ました。そうしたら、一番後ろのページに何かが挟まっているように感じました。よく見ると、1万円札が5枚入っていたそうです。

彼女が言うには、

「入れた覚えがない。それから、この5万円をここに入れておくという事情が生ずるような生活をここ何年もしていない」

※

ある方の娘さんが、何かの講習会に行きたいと話していたそうです。それは、世のため、人のためになるようなセミナーだったようです。セミナー代金は2万円でしたが、そのときはたまたまその金額が用意できない状態でした。

その娘さんが、「2万円どうにかならない？」とお母さんに言ったのですが、「私も2万円あれば出してあげるけど」と言われたそうです。ところが、置いてあるお母さんの財布を開けてみたところ、2万円が入っていました。

その2万円を入れた覚えはないそうです。昨日までは給料日前でお金がなかったので、2万円が入っているはずはなかったのに、ちょうど2万円が入っていたとのこと。

※

四国に波動タオルなどの商品を作っている「宇野タオル」という会社がありま
す。この会社は、タオルに蛍光色を埋め込むのは環境によくないということで今
までの製法をやめて、綿糸を波動水で洗った「波動タオル」を作っています。
ここのタオルは普通のタオルに比べて吸水性が倍くらいあり、特に病院などで
は、床ずれができにくい、使い心地がとてもよい、ということでも評判の高いタ
オルです。

この会社は、今までの蛍光タオルを全部断ったものですから、売り上げが少な
くなってしまい、大金の支払いに困ったことがありました。
あるとき、どうしても100万円を支払える見込みがありませんでした。
そうしたとき、タンスを開けたら封筒が出てきました。いくら入っていたかと
いうと、100万円入っていたそうです。100万円の支払いができないときに、

100万円の封筒が出てきたというのです。

100万円のお金をどこかに寝かせておける状態であったなら、その支払いに窮したりしません。そこにお金があることがわかっていたら苦しまないですよね。でも、入れた覚えがない。そして、どうしてここに100万円があるのかわからなかったそうです。

100万円の支払いをするときに、タンスの中からたまたま10万円、20万円の封筒が出てきたのではなく、ちょうど100万円入っていたという不思議な話です。


信じられないかもしれませんが、そこに入れた覚えがないのに、お金が出てきたという例が実際にあります。本当に、世のため人のために喜ばれる存在として生きている人には、本当に困ったときにお金が湧いてくることがあるらしい。

ここに挙げたことは全部実話ですから、可能性としては、何者かが忍び込んでお金を入れたということが考えられますが、その可能性よりは、湧いてきた可能性の方が高い。

この話を聞いて、「もしかすると、あの事件はこれではなかったのか」と思う人もいるかもしれません。信じられないことかもしれませんが、宇宙的にお金が湧いてくることもあるようです。

これらの話で全員に共通しているのは、トイレの蓋を閉めて、トイレ掃除を一生懸命にやっていることです。そして、不平不満・愚痴・泣き言・悪口・文句を言っていない。宇宙に対して、恨みごと、呪いごと、憎しみごとを言っていない。非難、攻撃、中傷をしていない。いつもニコニコしていて、自分が喜ばれる存在でありたいと思いながら生きている人たちです。

その基本があって、「お金が必要なときは来るだろうし、ないときはないということだろう」と思い、宇宙を恨んだり、呪ったりしないと、どうもそのような現象が起こるらしい。

これは、ものすごく私たちを励ますことです。

私たちは、三次元的な働きかけをしたり、働いて汗を流さなければお金は絶対に手に入らないと思ってきました。でも実は、このような「お金が湧いてきた」と思われるような例は、あちこちにあるのかもしれません。

しかも、不思議なことに、これだけあればいいという、ぴったりの金額が湧いてくるということです。

「仕事」「働く」の本当の意味

「働く」も「仕事」も人に喜ばれること

「働く」という言葉の反対語は、「はた迷惑」です。「はた」というのは、周り、自分の周辺にいる人のことです。その人に迷惑をかけることを「はた迷惑」といいます。

その反対に、周りの人を楽にすることを「はた」「らく」（働く）といいます。

ところが、「働く」という言葉を英語で「WORK」といいますが、「WORK」には、そのような、周りの人を楽にするという概念はありません。この言葉は、汗を流すこと、努力すること、また部屋にいて原稿を書いたり本を読んだりすることなども、その意味に含みます。

しかし日本語では、部屋の中で本を読んでいることを「働く」とは表現しません。常に喜ばれる存在であることを「働く」といい、汗を流すにしても、自分以外の何者かに対して喜びを与えることを「働く」と称します。

「WORK」の反対語は「PLAY」です。「PLAY」というのは、落下傘降下したり、スキューバダイビングなどのように積極的に道具を使って自分にとって楽しいことをするという意味です。

「PLAY」は日本語でいうと「遊ぶ」ですが、日本語の「遊ぶ（遊び）」というのは、何もしないことをいいます。

「今、不況なので、会社の機械が遊んでいるよ」とか、「ブレーキを踏むと遊びが2㎝ほどあってね。その2㎝の間はブレーキがきかない」というように、何もしないことや部分のことを日本語では「遊ぶ（遊び）」といいます。

ここには「働く」と「WORK」の概念の違いがよく表れています。日本語の方が、より人間の生き方の根源の部分を物語っているような気がします。

また、「働く」という言葉には、お金を得る、報酬を得るという意味はありません。「仕事」という言葉もありますが、「仕事」は「事にお仕えする」と書いてあります。「事にお仕えする」ということは、喜ばれる存在になることに我が身をお仕えさせることです。だから、この言葉にも、収入を得るとか報酬を得るという概念はありません。

面白いことに、「BUSINESS」という言葉は「忙しさ」という意味です。ここにもお金を得るという概念はありません（頼まれ事が多いために忙しいということです）。

人間の仕事の本質は、「お金を稼ぐことではなくて、自分がいかに喜ばれる存在になるか」ということです。

このように、仕事に関するいくつかの言葉の語源は、「喜ばれる存在になる」ことを示しています。

はやっている宿やレストランに共通するもの

今まで私たちは、人の上に立ちなさいとか、抜きん出なさいとか、人と比べてもっといい給料をとりなさい、というような概念を埋め込まれてきました。

しかし、私たちが生まれてきた意義は、「いかに喜ばれる存在になるか」ということです。

それは、「いかにたくさん頼まれ事がくる人になるか」ということに尽きるのです。そのように喜ばれる存在であり続ければ、商売的には必ずはやって栄えていきます。

どうやって儲けようと考えている間は、お客さんは来ないでしょう。

私は「うたし会」という異業種交流会を主宰しています（編集注・現在は活動していません）。この会では、どうしたら儲かるか、どうしたら売り上げが上がるかを考えるのはいっさいやめて、どうしたら喜んでもらえるか、どうしたらお客さんに「うれしい、楽しい、幸せ」と言ってもらえるか、ということを考えています。

世の中には、はやっている宿と、はやっていない宿があります。それと同じように、はやっているレストランと、はやっていないレストラン、はやっている喫茶店と、はやっていない喫茶店があります。

私の本業はトラベルライターですが、30年ほど見てきてわかったことは、はやっているところは「どうしたら喜ばれるか」を考えていて、はやっていないところは、「どうやって儲けるか」を考えています。

儲けることばかり考えていたのでは、お客さんが全然来ません。「どうやったら喜んでもらえるか」だけを考えれば答えが出ます。

喜ばれることに舵を切る

ある車のディーラーの話

以前テレビで、「数百軒の集落にひとりだけ車のディーラーがいて、その数百軒の家すべてにM社の車が入っている」という番組がありました。

その話を聞いて、講演の中で使わせてもらいました。ディーラーのひとりだけで、その人がすべての家にM社の車を売っているそうです。といっても、M社の車が、ほかの会社の車よりもすぐれて評価されるような存在ではないと思うのです。

「その数百軒の集落のすべてがM社の車であるのはなぜなのか」と、不思議に思っていました。

多くの辣腕の車のディーラーが、そこへ投入されてきました。しかし、すべてのセールスマンが住民から同じ言葉をもらったそうです。

「あの人が、N社の車をすすめるのだったら、N社。あの人が、T社の車をすすめるのだったらT社の車を買います。あの人が、M社の車をすすめるのだったら、ずっとM社の車を買います」

「あの人っていったい何者なんだ」とテレビで取材をしました。

その結果、わかったことがあります。

その人は、携帯電話を24時間ずっと持っていて、トイレに入るときも、寝るときも、お風呂に入るときも、いつも手元に置くそうです。

そして、山の峠で車が故障したと聞くと、午前2時でも3時でも駆けつけます。

町中でほかの車と接触事故を起こして、相手が怖そうな人のときでも、その人とわたりあってもくれるそうです。休日前に車が故障したというときは、どんなに遠くまで行っても、その代車を見つけてきて、持ってくるのです。

その人を通してM社の車を買っていると、「その車を買っているのではなくて、車にまつわるすべての安心を買っている」ということに、住民が気がついたのでした。

そのため、「この人がN社の車をすすめるのだったら、N社の車。この人がT社の車をすすめるのだったら、T社の車。この人がM社の車をすすめているのであれば、M社の車を買う」と、すべての住民が話したそうです。

この話を講演会でしたところ、M社の本社に電話をして、この人の名前と、電話番号、場所を聞き出した人がいました。そして、その人に電話をかけて、直接お話をしたそうです。

その人が言うには、「車を売ろうとしてセールス活動をしたことは、一度もない。なぜか向こうから買いたいと電話をかけてくる。私は車のことは詳しくないが、注文があるので仕方なく売っている」と話していたそうです。

喜ばれれば売り上げは自然に上がる

けっきょく、この人は「いかに売り上げを上げようか」「いかに売ろうか」と考えたことは、ほとんどないのでした。車にまつわるカーライフの中で、いかに自分が「喜んでもらえるか」「役に立てるか」、ただそれだけをいつも考えてきた、と。

だから、交通事故を起こしたとき、車が故障をしたとき、山の峠で故障をしたときに、親戚や家族に嫌な顔をされるよりは「この人に電話をした方がいい」とみなさんが言うのです。

それで、夜中の2時、3時に電話がかかってくることが1年で何回あるかというと、1回か2回だそうです。だから、携帯電話の電源を24時間入れておいて、電話があったときに飛んでいくのは、大したことではないといいます。

「毎日、365日寝られなかったら、それは大変ですが、そんな大したことをやっているわけではない」とその人は話していたそうです。

また、このような方がいました。

私の話を聞いてくれる気功、整体師の方なのですが、「自分は、一生懸命にしているのだが、なかなか多くの人に受け入れてもらえない。お客さんがあまり来ない。売り上げもあまりない。どうしたらよいでしょうか」と相談を受けました。

それで、その人に先ほどの車のセールスマンの話をしました。

「24時間やったらいかがですか」と言ったところ、翌日から24時間することになりました。

24時間、気功や整体をしてくれる人は、すごく頼みやすいと思いませんか。

「24時間、いつでもいいです」と言ってくれると、夜の11時、12時に頼みやすいし、電話もしやすいと思います。実際に、会社が終わってから夜の10時、11時くらいにやってくれという人は、結構いるそうです。

それで、夜の2時、3時までやるようなことはというと、年に1回あるかないかだそうです。夜の1時、2時に電話がかかってくることも、ほとんどないといいます。

この整体師の方も、実際に売り上げが上がっています。

喜ばれる存在になると、それは結局、売り上げに結びつくのです。でも、売り上げを上げるために無理やり嫌々やっているのだとすると、その本音は化けの皮がはがされてしまいます。

本当に「喜ばれる存在になろう」ということに踏み切ることができたならば、ものすごく面白い人生が待っていることを断言しておきます。

そして、さらに何人か集まって集団としてやってみようということになったら、もっと面白い人生が待っていることでしょう。

私がやりたい3つの仕事

毎週コーヒーが飲みたくなる喫茶店

私は年間に330回ほどの講演会と、トラベルライターとしての仕事をしていますが、もし体がたくさんあったとしたら、自分の分身にやらせたいことが3つあります。

ひとつ目は、喫茶店の経営。

2つ目は、クリーニング屋さんの経営。

3つ目は、ホテルの経営。

ひとつ目の喫茶店の経営。

日本には、環境省が定めた「名水100選」というのがあります。その100名水を、日本人に生まれながら、全部飲んだ人は、ほとんどいないでしょう。

私は、30年間トラベルライターをしていますが、日本の100名水のうち50くらいしか飲めていません。この100名水は、国道から40～50㎞入っていって、さらに車を置いてから30分か1時間歩かないと行けないというところも結構あります。この100名水を全部飲むには、どれほどの労力とお金と時間が必要か。

私が喫茶店を始めるのであれば、半年くらいかけてその100名水を全部巡り歩いて、そこから一番近い農家のおじさん、おばさんに話をします。そして、電話1本かければポリタンクで水を送ってもらえるようにしておきます。

それから、喫茶店をオープンするのです。

「今週は、白山の名水でコーヒーを淹れます」。翌週は、「羊蹄山《ようていざん》のふもとの名水でコーヒーを淹れます」。その次の週は、「青森のブナ林の湧き水でコーヒーを淹れます」……というようにずっと続けていくと、2年で100名水を全部飲むことができます。

もし、このような喫茶店が我が家の近くにできたとしたら、悔しいけれども100週通い続けるのではないだろうか。「惜しいけど」と言いながら通ってくるお客さんが増えるのではないでしょうか。


東京の原宿にKという喫茶店があります。ここの喫茶店は、富士山の湧水を毎日2tトラックで2台分取り寄せているそうです。

そこの支配人は日本中の水を飲み歩き、その結果、「日本で一番おいしい水は、富士山の裾野の水である」という結論に達しました。それで、毎日水を取り寄せて使っているのです。

ところが、残念なことに、この店のコップの水は東京の水道水なのです。この水はまずい。このまずい水とコーヒーを一緒に飲むと、やはりまずくなってしまいます。

水と水は、共鳴し合います。だから、いい水を持ってきても、コップの水を富士山の裾野の湧水に替えないと、本当のこの水のおいしさは出てきません。

水は、自らの命と意志を持っています。塩素を入れるということは、この水に対して、「あなたは、おいしくないよ」とあからさまに言っているのと同じです。「あなたが、おいしい」という場合は、塩素を入れません。「あなたには問題があるから」と塩素を入れているわけですから、この塩素を入れられた水は不機嫌になります。

ですから、コップの水を出すときも、その名水を使うといいと思います。コーヒーでもその名水が飲めて、生の水でも飲めるということになったら、両方とも味わうことができます。


この話をしたら、このように言った人がいます。

「小林さん、コップの水に名水を使ったら、飲まない人もいますから、もったいないじゃないですか。残ったら捨てないといけないじゃないですか」

このような発想をしている人は、そのようなことに踏み切れないでしょう。それについても答えを言いますと、次のようにテーブルの上に書いておけばいいのです。

——コップの水も名水を使用していますので、飲み干してお帰り下さい——

そうしたら、たぶん残して帰る人はいないでしょう。

そのように名水100選でコーヒーを淹れるのを2年間やり続けていたら、お客さんはずっと通い続けるのではないでしょうか。何人の人を通い続けさせるかが楽しみなので、もし体が空いていたらやってみたいと思っています。

着ていなかった服が蘇るクリーニング屋

2つ目のクリーニング屋が面白そうだという話をよくします。これはどういうことかというと、クリーニング自体がやりたくて仕方ないというのではありません。

クリーニング屋を始める前に浅草橋かどこかへ行って、1万種類、10万点のボタンを買ってくるのです。それで、ボタンの部屋をひとつ作っておきます。

ワイシャツとかブラウスのボタンが取れることがあります。それで、ボタンの取れたワイシャツやブラウスが来たら、まったく同じものを探して、くっつけて返してあげる。もちろん、黙ってです。

ずっと、それを5回、6回やり続けていると、お客さんが不思議な顔をして来ると思います。

「おたくにクリーニングを頼むと、ボタンが取れていても、同じボタンがついて返ってくる。なぜ、同じボタンがついてくるの」

私は、フッフッと笑います。

そして、鼻をピクピク動かしながら、「じゃあ来てください」と奥の部屋に案内をします。

部屋を開けて、1万種類、10万点のボタンがあるのを見せます。それで、その人が、ワーッと言って驚く顔を見てみたいと思います。

私は、冬用の上着を30着くらい持っていますが、実際に着ているのは20着くらいしかありません。残りの10着はなぜ使わないかというと、ボタンが1個取れているからなのです。

その1個のボタンを探すためにどこかへ行くのは面倒だから、しない。それ1着しかないのであれば、どうしてもそのボタンを探すと思いますが、ほかに着るものがあるので、とりあえず、ボタンがちゃんとついているものだけを着ているのです。それで、このボタンが取れている10着は、死んでいることになります。

「なぜかあそこに出すと、とんでもないボタンが取れていても、それがついてくる」という話になったら、この死んでいるコートを持っていくことになるのではないでしょうか。私だったら、持っていくと思います。

クリーニング屋の立場としては、同じボタンがないかもしれません。そうしたら、よく似たボタンを選んで、ほかのボタンを取ってしまって、全部をつけ替えることを、お客さまに提案してみます。

だから、そのボタンがどうしても必要という人には確認をしないといけません。

そのようなときは、「このボタンは、必要ですか」と受付のときに何気なく聞いておけばいいのです。

「いや、これでなくてもいいです」と言われたら、「じゃあ、これに似ているものとお取り替えをしますね」ということになります。

そのようにして、全部ボタンを取り替えると相手は気がつかないかもしれませんが、とりあえず全部揃います。そうしたら、死んでいるコートが生き返りますので、それを着ることができます。

今まで、月に1000着のクリーニングを頼まれていた人が、死んでいるコートなどが来ることになると、月に2000着のクリーニングをすることになるかもしれません。

これは、隣のお店の仕事をとったわけではありません。寝ていた服を持ってきただけなのですから。

そうしたら、ボタンの取れているブラウスがあって、ボタンが取れている上着があって、ボタンの取れているズボンがあって……と考えると、もしかするとタンスやクローゼットの中に眠っている服が、全部来るかもしれません。

何度も通いたくなる小さなホテル

3つ目は、ホテルの経営です。

たまたま、新幹線で東京と大阪を往復しているときに、シルクロードという名前のホテルを見つけました。そのシルクロードという名前を見たときに、あっと思ったのです。

私が経営してみたいホテルは、何百室というホテルではなく、10室くらいのホテルです。

そして、ひとつ目の部屋を「長安《ちょうあん》」という名前にします。2つ目の部屋「蘭州《らんしゅう》」にして、3つ目は「敦煌《とんこう》」にして、4つ目は「トルファン」……「バーミヤン」、「ガンダーラ」というように名前をつけます。最後に「天竺《てんじく》」というのが、10室目にあります。

そういうふうに名前をつけておいて、1回目に来た人は「長安」にしか泊まれません。2回目に来た人は「蘭州」に入れます。3回目に来た人は、やっと「敦煌」に入れます……というようにやっていったら、悔しいけれども通うことになるのではないでしょうか。

さらに、「敦煌」という名前の部屋には石窟のようなものがあって、ごつごつした壁に穴が開けられていて、覗くと仏像が彫刻されているとか、「敦煌」の隣には「タクラマカン砂漠」という部屋を作って、部屋に入ると下が全部砂になっている、というようにすると面白いと思います。

タクラマカン砂漠の東端に、ロブノールというさまよえる湖があります（今は干上がっていますが）。「敦煌」と「タクラマカン砂漠」の間に「ロブノール」という部屋を作っておいて、砂地の中に〝湖〟を作ってもいいでしょう。その向こうに「ロウラン」という部屋を作っても面白いと思います（ロウランは、ロブノール湖の西側に位置する、昔の文化財がある町です）。

そういうように考えていくと、ものすごく旅心が刺激されて、もっと行きたいと思うに違いありません。そのようなホテルがあったら、やっぱり悔しいですが通ってしまうでしょう。どうしても「天竺」まで行きたくなると思います。

例えば、京都にそのようなプチホテルがあったならば、京都に来たときはそこへ泊まって、10室全部、踏破したいと思います。部屋それぞれが、どういうふうに変わっているのか、どういう個性でやっているのか、とても興味が湧きます。

それは、「どうやったら、売り上げが上がるか」とか、「どうやったら、お客さんが来てくれるか」という発想とは違います。

「もし自分が利用者だったら、どう面白がりたいか」「どうしたら喜んでもらえるか」だけを考えていると、実は人が増えるのです。数字がついてきます。

ラスベガスという街の面白さ

とことん人を楽しませる街

「小林正観と行く海外ツアー」というのを、年に1回か2回、しています。

以前、アメリカのセドナなどへ行ってきましたが、そのツアーで私が一番面白いと感じたのは、ラスベガスでした。

なぜラスベガスが面白かったかといいますと、次のような理由からです。

ホテル・トレジャー・アイランドというホテルがあるのですが、このホテルはミラージュコーポレーションという会社がラスベガスで経営しているホテルのひとつです。この会社が経営しているホテルで一番大きいホテルは、客室が5000室あるそうです。

このミラージュコーポレーションは、あるコンセプト（基本概念）を持っているように思えました。

それは、「お金をもらわないで最高級のショーを提供し、お客さんに喜んでもらう」ということであるようです。

もちろん、その経営しているホテルの1階は何千坪もあり、スロットマシーン、ルーレットなどのカジノになっています。全部、そこはお金を吸収するような賭博場ですが、そのホテルの外側には堀があり、海賊船と海軍船の2隻が浮かんでいて、砲撃戦のショーをしています。これが無料なのです。

1回はだいたい15分か20分くらいで、1時間半ごとにショーが始まります。マストのてっぺんに乗っている人が銃で撃たれて、そのまま水の中に飛び込むとか、海賊船が撃たれて炎があがり、転覆してマストが全部水の中に沈んだりします。海賊船の船長は足を金具で固定した状態で水の中に沈められるのですが、

1分半くらいずっと息を止めて立っています。それから1分半たって、船長はそのまま足を固定した状態で浮かんでくるのです。私はモーターが故障することはないのかと心配してしまいました。足を固定しているのですから、もしモーターが故障したら、この人は死んでしまうかもしれません。

ラスベガスのショーは世界でも最高レベルといわれていますが、このショーは無料で見せている。子供だましではない、ものすごく根性の入った、ちゃんとしたショーなのです。本当にとても面白いものです。何百人、多いときは何千人の人がそのショーを見るために並びます。

ほかにも「水と炎のショー」といって、ガスを爆発させて炎をあげたり、水が吹き上がったりするショーも30分おきにしています。

噴水のショーもあります。ホテル前が300mくらいの人工池になっていて、その中に細工が500本くらい埋め込まれ、コンピューター制御で水が吹き上がります。一番高いときは70mくらい上がりますが、その水が音楽に合わせて前後に動いたり、横に動いたり、ラインダンスをしているようになったり、波が上がったりして、とてもきれいで楽しいショーです。照明をしているので、夜でもやっています。

これらショーには維持費が何十億円とかかっていると思いますが、全部無料。この町は、「来た人に喜んでもらおう」というコンセプトを基本に持ち、どうしたら喜んでもらえるかを考えている町だと感じました。

私たちのツアーの人たちは、スロットマシーンをして40ドルから80ドルくらいを儲けた人が多かったのです。儲けたうえに、このような素晴らしいショーを無料で見ることができました。

ホテルの夕食というのは10ドルくらいです。この夕食は肉類を主とした30種類くらいのバイキング。中身も豪華なものでした。ケーキやサラダも食べ放題です。これを日本で食べると4000円から5000円くらいするのではないかと思います。

朝食のバイキングは6ドルなのですが、これが何時からかというと、前の夜の

11時から。夕食のときに出されていたビーフとポークとチキンといった肉料理がないだけで、あとは、サラダやデザートなどは全部揃っています。それが、なんと午後11時から翌日の朝10時までの11時間やっているのです。そこに何時間いて、どれを食べてもいい。出入りも自由です。朝の2時か3時までおしゃべりして、朝の7時に起きてそれからまた食べてもいいのです。

つまり、「あなた方から食事で儲ける気はありません」ということなのでしょう。

私は、このように考えました。

私たちは、スロットマシーンやルーレットしかやらない、まったく普通の観光客です。カジノで使ったとしてもほんの数十ドルです。そして、ホテル前の無料のショーは最高レベルでとても楽しいし、町全体も楽しめます。

さらに、お腹がすいたら自分のホテルに戻って、6ドルや10ドルの食事で楽しめる。夜中までおしゃべりをして、また朝早く起きて食べてもいいのです。

つまり、ラスベガスという町全体を楽しみながら、経費はほとんどかからないで済むというわけです。

では、その町の経費を支えているのは何かというと、私たちが使う数ドル、数十ドルではありません。一晩に何百万ドル、何千万ドルを使う人がいて、そのような人たちがお金を使ってその町を支えています。

ラスベガスに何百万ドルか持ってきて、一晩に使う人は結構いるそうです。

3つドアのリムジン（運転席以外に3つドアがある）がたくさん走っているのですが、これは1台4000万円くらい、安いものでも2000万円くらいするそうです。家が1軒走っているようなものです。

そういうお金持ちが山ほどいます。アラブの富豪とかアメリカの富豪が遊びにきて、お金をたくさん使っていく。ラスベガスは、その人たちのお金で成り立っているようです。

そして、その使われたお金を富として蓄えるのではなく、人々全体に還元しているという町全体の雰囲気があります。

１００万円くらいの金額をポケットに持ち歩いている人がたくさんいるので、治安の方も、きちんとしています。ホテルのカジノにはガードマンが10人ずつくらい雇われているのですが、現役の警察官が退職してやっている場合が多いそうです。だから、ホテルのバーもラウンジなども全然怖くありません。

ラスベガスは、町全体が人を楽しませてやろうという雰囲気を持っています。人口は70万人くらいだそうですが、毎月５０００人くらい増えているとか。こんなにたくさんの人が移住すると、住宅も相当数必要になります。５０００室のホテルができると、1万人の従業員が増えるということです。そのようなこともあって、町全体が活性化しています。

お金をどのようにいくら得てもいいから、ただそこで貯め込まないこと。

そうすると、発展というレベルにどんどん進むようです。

ダウンタウンにある「奇跡のアーケード街」

ゴールドラッシュの時代にフォーティナイナーと呼ばれる（金鉱探しの）人たちがいました。お金がたくさんあっても娯楽がないため、そこでお金を出してギャンブルをしたというのがラスベガスの発祥です。そのときに、木賃宿のような小さな宿ができた町が、ダウンタウンでした。

そのダウンタウンの中心にフリーモント通りというのがあります。ラスベガスに行ったら、アップタウンの方だけではなく、フリーモント通りの方へ行ってみることをお勧めします。

フリーモント通りは、大きなホテルでも3000室です。ラスベガスでは3000室以上のホテルはたくさんあり、1000室のホテルはものすごく小さい方に属します。

フリーモント通りには、3000室ほどのホテルが15軒くらいあります。これらのホテルの若主人たちが、7年ほど前に売り上げが最盛期よりもどんどん落ちて5分の1くらいになったものですから、「これでは生きていけない。お客はアップタウンに全部とられてしまった。なんとかしなくてはいけない」と集まって考えました。

その結果、フリーモント通りには、長さ450m、高さ30mのアーケードがあるのですが、そこに210万個の電球を埋め込んで、CG（コンピューターグラフィック）を流すショーをすることにしました。

このCGは、1日に2000個、電球の球が切れるそうです。そのため、毎日200人くらいの人が電球を取り替えているそうで、その維持費で20億円とか30億円かかるというからスケールが違います。

フリーモント通りでこのCGのショーをやり始めた結果、周辺にあったダウンタウンのホテルは、売り上げが最盛期の2倍になりました。売り上げが落ち込んでいるときからすると10倍になったそうです。

私が行ったときは、そのアーケードに1万人か1万数千人の人が来ていました。毎時0分と30分からのショーですが、その時間になると、商店で買い物をしていたお客さんも出てきてアーケードはぎっしり一杯になります。

みんなが待っていると、音楽とともにショーが始まります。208個ものスピーカーを使った大音響です。

アーケードを見上げると、色鮮やかな映像が動き出します。UFOが出てきたり、スペースシャトルが出てきてゆっくりと動き出し、100mくらいのところから急に加速して、轟音とともに頭上を通り過ぎたりするのです。もちろん、CGですので本物ではありませんが、その450mでばかでかいものが通り過ぎるのを見ると圧巻です。時間にすると5分くらいのものですが、ありとあらゆる妖精が出てきたり、UFOの中央の扉が開いて、またその中央が開いてと、映像がめまぐるしく変わり、本当に目が離せません。

このショーはすごく楽しく面白いのですが、それが終わったときに私はショックを受けました。

どうしてかというと、「只今のこのCGは、フリーモント通りの提供でした」などと言わないのです。日本の商店街であれば、「どこそこの宝石店では、只今15%セールをしています」とか「何月何日から何日までは1割引ですから、ぜひどうぞ」というように切り売りをすると思います。

お客さんが呼べたのだったら、切り売りをして、自分の商店だけでいくら客を呼ぼうかということになると思うのですが、そういうことをいっさい考えていないのです。ただそのすごいCGを見せて、ピタッと終わってそれでおしまいです。

このフリーモント通りが7年ほど前に大成功を収めたということもあって、商店街はとても賑《にぎ》わっています。実際に、だいたいの人はショーが始まる10分くらい前には商店街に来ていますし、もし、もっと早く15分前、20分前に来たら、必ずお店に入ると思います。そうしたら、このショーの経費は当然出ているでしょう。1軒1軒に切り売りをして店の宣伝をするということはいっさいやりませんでした。

アップタウンとダウンタウンの両方を見ると、統一されたコンセプトがあります。それは、「来た人をいかに楽しませるか」。それに尽きていると思うのです。自分の店にいかにして客を誘《いざな》うか、という発想はどこにもありません。町全体が、いかに喜ばれる存在になるかということに徹しています。

来た人を徹底的に喜ばせようとする商店街が日本にできたら、これは面白いだろうと思います。ちまちましたものではなく、そこに足を踏み入れたら面白くてしょうがないというものを、みんなが知恵を出して力を合わせて始めたら、そこには人が来るのではないでしょうか。

「どうやったら売り上げが上がるか、どうやって利益を上げるか」を考えるのではなく、「どうしたら喜んでもらえるか、どうしたら面白がってもらえるか」を考えていれば、答えは出てくると思います。

頼まれ事だけをしていく人生

お金を払うと言われて断ることは傲慢

自分の目の前に起きた出来事というのは、全部自分がシナリオを書いてきたわけですから、これを批評し、論評し、ああだこうだと感想を言うことには意味がありません。

このことがわかったら、不平不満・愚痴・泣き言・悪口・文句・つらい・悲しい・嫌だ・嫌いだ・疲れたという類の言葉を言わなくなります。

そういう言葉を言わなくなって3ヵ月から半年くらいたつと、突然に頼まれ事が始まります。頼まれ事が始まったら、もう不平不満・愚痴・泣き言・悪口・文句を言わないと決めたのですから、ああだこうだ言わないで、「はいわかりました」と言ってやっていきましょう。

そうすると、3年くらいたって、ある方向で自分がこき使われていることに気がつきます。そのとき、「ああ、自分はどうもこういう方向で、この世に生を、肉体と使命をもらったみたいだ」とわかる瞬間があります。

このように自分の使命を知った瞬間を「立命」といいます。それがわかったら、もうあとは何も考えなくていい。ただひたすら、その頼まれ事をコツコツとしていけばいいのです。

「頼まれ事だけの人生でいいのですか」と言われることがありますが、頼まれ事だけで充分なのです。

面白いことに、頼まれ事の3つにひとつは有料です。有料のものがきたときに、「頼まれ事は好きでやっているので、お金をもらうつもりはありません」と言って、お金を受け取るのを断る人がいます。このように有料を提示されて断るのを

「傲慢」といいます。

「ちょっと待ってください。小林さん、それは『謙虚』というのではないですか」と言う方がいるかもしれません。

もう一度繰り返します。

頼まれ事をすると、3つのうちひとつは有料を提示されますが、そのときに、「そのつもりではなかったので受け取れません」と言うのを「傲慢」といいます。「ありがたく受け取らせていただきます。ありがとうございます」と言って受け取るのを「謙虚」といいます。

これは、なぜかといいますと、自分の手元に来るお金を自分のものだと思っているから「傲慢」なのです。自分のものだと思うから断るのですよね。

それは違います。「私」のところへ来たお金は、「私」が宇宙の流れの中で一時預かりをするだけです。私たちは、コインロッカーでしかないのです。

お金の持ち主は誰かといいますと、神さまだったり、宇宙だったり、人類全部だったり、地球だったりします。「私」ではありません。「私」は、たまたまコインロッカーとして3日間預かっているだけなのです。

だから、「預からせていただきます」と言うのが正しい言い方です。お断りするというのは、自分のものだと思っているからです。お金は自分のものではありません。ただ、通り過ぎていくだけです。

頼まれ事に対して金額を提示されたときは、「ありがとうございます」と言って本当に心から頭を下げ、どのようにお金を使うかを一生懸命に考えながら生きていくのであれば、それは生きたお金になります。

池大雅的生き方を実践する

江戸時代に池大雅《いけのたいが》という文人画家がいました。この池大雅の作品を集めた池大雅美術館というのが、京都の苔《こけ》寺から200mほど行ったところにありますが、ここは、わざわざ出向いていく価値のあるところだと思います。

池大雅という人は東山に住んでいたのですが、この人は、頼まれた絵を断ったことがありませんでした。

京都ですから、天皇家、御公家さん、武家の殿さま、商人、町人、農家からといろいろな人から絵を描くのを頼まれたそうです。それを、一点として断らなかった。頼まれた絵については、全部描いたそうです。

その頼んだ絵を取りに来た人は、絵をいただいて、「ありがとうございました」と言って、玄関先に吊り下げられたざるの中にお金を入れて帰りました。

その絵の代金として誰がいくら払ったのか、池大雅夫婦は知らないのです。味噌《みそ》、米、醬油《しょうゆ》を持ってきてもらうと、そのざるの中から商人がその代金を持っていきました。そのような生活をしていた夫婦が実際にいたのです。

この話を本で読んだときに、私はすごい衝撃を受けました。今までに、多くの方にもそういう話をし、講演会で似たような話をしてきましたが、池大雅的な生活には踏み切れていませんでした。

そこで、「この池大雅的な生き方を実際にしてみたらどうだろう」と思って、私は身をゆだねることにしました。

もう少し具体的にいうと、どうやって生活をするか、どうやってお金を儲けるか、どうやって収入を上げるかは考えないで、自分で意識して「頼まれ事は全部引き受ける」と決めました。頼まれ事をするということは、喜ばれるということですから、何も考えず、ひたすら頼まれ事をやり続けたのです。

そうしたところ、いろいろなところからそれなりの収入をいただきました。

そのとき、私の前に4人の方が現れました。その方たちは、たまたまそのときお金に困っている状態で、あといくらあれば助かる、という4人の合計金額が、なんと、そのときいただいた収入と同じ金額だったのです。

振り込まれたお金と4人の金額がぴったりなものですから、これは「この人たちに使いなさい」ということなのだと思い、4人の方にお金をお渡ししました。

でも、借用証書なんて、とっていません。それどころか、いつ返済してもらうかという話もしていませんから、仮に私が交通事故などでポコッと死んでしまう

ことがあると、その借金は借り得になってしまいます。（笑）
その後少したってから、またある金額が口座に振り込まれました。そうしたところ、今度はまた別の人で、その振り込まれた金額と同じ金額がなくて困っている、という人が現れました。
不思議なことに、「なんとかなりませんか」と言われたときは、なんとかなるようになっているのです。それで、そのお金もお渡ししました。
そのように、お金のことを全然心配せず、考えないことにしたら、いろいろとお金の入り方が変わってきたという実感があります。

「どうしたら売り上げを上げるか」「どうしたら客が多くなるか」「どうしたら利益を確保することができるか」を考えるのではなく、「どうしたら喜ばれる存在になるか」「どうしたら喜ばれるか」、それだけを考えて生きていくと、神さまは、その人を絶対にほうっておかないみたいです。
そして、そういう人が何人か集まって商店街のようなグループをつくって、喜ばれるような方向でやってみようということになったら、ラスベガスのような町になると思います。

どうやって喜ばれるかを考えていれば、天下に怖いものはありません。喜ばれる存在になろうと思ったら、どんな仕事をしたっていいのです。

おわりに

小林正観

この本は、私の2年ほどの講演から「お金と仕事」に関する話を、編集の方たちがまとめてくださったものです。

2年ほどの間にずいぶん多くの「お金と仕事」に関する話をしたものだと、自分自身でもいまさらながら感心しました。

大学時代から精神世界や超常現象の研究をしてきました。その結果、例えば「投げかけたものが返ってくる。投げかけないものは返らない。愛すれば愛される。愛さなければ愛されない。嫌えば嫌われる。嫌わなければ嫌われない」というような、〝宇宙法則〟のようなものを150ほど発見できたように思います。

それらの〝法則〟の中には、「お金と仕事」に関するものも結構ありました。

そういう〝法則〟に気がついている人でも、「精神世界のことを学んでいるのに金の話とは何だ。けしからん。金には何の関心も持たず、金と無縁の生活をするのが心や精神の研究者だ」と唱える人がいます。そういう清貧な生き方も素晴らしいと思います。

が、私は貧乏性にできているらしく、その〝法則〟を使わない、使いこなさないというのはもったいなくて仕方ありません。四次元的に学んだことは三次元の世界（私たちが生きている世界。経済社会）で使わなければもったいない、のです。

「三次元（経済）だけ」の生活は「味気ない」と思い、「四次元（心や精神）」における情報は「使わないともったいない」と思って生きてきました。三次元の世界は、楽しくて面白い、壮大なる「実験場」。

わかった、と思える四次元的なこと（宇宙法則のようなもの）があったら、それを三次元の世界で試してみる――。四次元の〝智恵〟を得ることができたら、それを三次元に応用してみるのです。三次元人生での楽しさ、面白さが倍加します。

この本の中で「面白い」と思えるものがあったら、ぜひ試してみてください。「こうすればこうなる」という因果関係に確信が持てたら、人生がもっと楽しいものになるでしょう。

2002年8月

あとがきにかえて

斎藤竜哉

かつて1年に300回もの講演をこなし、出す本はすべてロング・ベストセラーという絶大な人気を博した小林正観さん。そんな正観さんが惜しまれつつお亡くなりになったのは、2011年10月のことでした。13回忌にあたる今年（2023年）、10月には関係の方々が集い、盛大な法要が宴会場を貸し切って行われました。

といっても、さすが正観さん。普通の法要とは一味も二味も違って、たくさんの笑いに包まれる会でした。お坊さんの読経のあと、ご焼香の代わりに正観さんの好きだったというマンゴージュースで故人をしのび、大きなスクリーンに正観さんが講演をする姿が映し出されたときには、かつての講演会場のようにところどころで笑い声が上がりました。

そしてステージには正観塾師範代・高島亮さんが往年の人気アニメ『銀河鉄道999』の車掌さんのいでたちで登場（ＳＫＰのＴさんが扮《ふん》したメーテルも素敵でした）。これは正観さんが生前『大井川鉄道ＳＬの旅』というツアーをしたときに、この格好をされたからだそうです。また赤城正観荘（正観さんの別荘）で結成されたテラスターズのみなさんが優雅なダンスを披露されました。


とにかく、みなさんの笑顔が素晴らしく輝いているのです。こんな笑顔に満ちあふれた法事はほかではまず見られないだろうなと思いました。

そんなみなさんの姿を見ていて、思ったのです。正観さんが遺してくださったのは、人生をよりよく生きる方法論でもお金の知恵でもなく、人々の「笑顔」そのものではなかったか、と。

本書のテーマは「お金と仕事」ですが、ここで語られているのは、「いかに人を喜ばせるか」ということです。困っている人のためにお金を使う、はやらない店に入る、お客さんをとにかく楽しませる……これらは人を喜ばせて、笑顔にすることにほかなりません。

また千円札を折って並べて「高額紙幣」にして財布に入れる、〝損得勘定〟でトイレ掃除をするのも、とにかく面白がってやること。これは、自分を笑顔にすることでしょう。

いつも人を喜ばせ、笑顔でいる人は、お金からも、人からも、神さまからも好かれる――それは正観さんが一貫して伝えてくださっていたことです。

いま、さまざまな不安が渦巻く時代、ともすると笑顔でいることを忘れてしまいがちです。そんなときこそ、本書を読んで人を喜ばせ、自分も喜ぶという〝原点〟に立ち返りましょう。


世の中にはお金の本が溢れています。世相を反映してか、少しでも得をしてお金を稼ぐノウハウを伝える本が多いようです。しかし、その根っこにあるもっとも大切なことを、本書はあますところなく伝えてくださっているように思います。

そして正観さんも言っていますが、知識として知っているだけではなくて、実践しないともったいない。

誰もが実践できる、新しい時代の「お金と仕事のバイブル」として、本書をぜひご活用ください。

（サンマーク出版　チーフプロデューサー）

本書は、2002年9月に宝来社より刊行された単行本『お金と仕事の宇宙構造』を一部改変、編集を加えたものです。人名、データ等は原則として刊行当時のものです。

現在は、正観塾師範代・高島亮さんによる「正観塾」をはじめ、茶話会・読書会・合宿など、全国各地で正観さん仲間の楽しく、笑顔あふれる集まりがあります。

くわしくは、SKP のホームページ（小林正観さん公式ホームページ）をご覧ください。 **https://www.skp358.com**

小林正観（こばやし・せいかん）

1948年東京生まれ。作家。

学生時代から人間の潜在能力やESP現象、超常現象などに興味を抱き、独自の研究を続ける。講演は年に約300回の依頼があり、全国をまわる生活を続けていた。2011年10月逝去。

著書に『「そ・わ・か」の法則』『「き・く・あ」の実践』『人生は4つの「おつきあい」』『幸せが150％になる不思議な話』（いずれも小社）、『ありがとうの神様』（ダイヤモンド社）ほか、多数。

お金と仕事の宇宙構造

2023年12月 1 日　初版印刷
2023年12月10日　初版発行

著　者　小林正観
発行人　黒川精一
発行所　株式会社サンマーク出版
〒169-0074 東京都新宿区北新宿 2-21-1
電話　03-5348-7800
印刷・製本　株式会社暁印刷

ISBN978-4-7631-4103-3　C0030
ホームページ https://www.sunmark.co.jp